LA TEOLOSIS©
Y
LA
SEMANA
SANTA

Los acontecimientos más importantes de la Semana Mayor, y su aplicación práctica en la experiencia de vida cristiana.

Elvin Heredia, PhD.

CONTENIDO

Introducción   **7**

Dedicatoria   **9**

Un pollino en la alfombra roja   **13**
- Conviene ser los burros que El Señor necesita.

Una curva contradictoria   **25**
- Jesús podía bajar de la cruz. ¿Por qué no lo hizo?

El drama de la cruz   **39**
- Una representación práctica del Viernes Santo.

El perdón de la cruz. (Palabra #1)   **55**
- Propósito, efecto y nuevo significado.

Contraste y reacción. (Palabra #2)   **67**
- Tres hombres. Dos destinos. Una cruz.

A los pies de la cruz. (Palabra #3)   **83**
- La palabra del consuelo, restauración y deber cristiano.

Cuando Dios no me escucha. (Palabra #4)   **101**
- La explicación de una cuestión inexplicable.

El sediento ofrece agua. (Palabra #5)   **121**
- Otro contraste del Cristo crucificado.

¡Tetelestai! (Palabra #6)   **134**
- La misión cumplida y el dulce sabor de la victoria.

La oración de las buenas noches   **145**
(Palabra #7)
- Una últimas enseñanzas de Jesús desde la cruz.

La resurrección y sus enseñanzas   **161**
- Analogía práctica de la noticia más importante de todos los tiempos.

Cuando nuestro pecho arde   **181**
- Impacto de la resurrección de Cristo en la vida de quienes lo creen.

Victoria, sello y seguridad   **197**
- Verdades de la resurrección para nuestra fe y nuestra teolosis.

La cruz: Con "Z" y hasta la "Z".   **213**
- Características de la cruz nuestra de cada día.

Breve biografía del autor   **223**

Información y Pedidos:
Amazon.com y elvinheredia@hotmail.com

Otros libros de la colección de TEOLOSIS®

© ® 2006
Teolosis: Formación y Crecimiento en Dios
ISBN 978-0-9842817-0-1
© ® 2013
La Teolosis y los Refranes Populares
ISBN 978-0-9842817-1-8
© ® 2014
La Teolosis, la Psicología Cristiana y el Dr. Jesucristo
ISBN 978-0-9842817-2-5
© ® 2014
La Teolosis y la Misión de la Iglesia
ISBN 978-0-9842817-3-2
© ® 2014
La Teolosis, el Matrimonio y la Familia
ISBN 978-0-9842817-4-9
© ® 2014
La Teolosis y la Navidad
ISBN 978-0-9842817-5-6
© ® 2015
La Teolosis y el Fruto del Espíritu
ISBN 978-0-9842817-6-3
© ® 2015
La Teolosis y La Mujer
ISBN 978-0-9842817-7-0

6

INTRODUCCION

La Semana Santa es considerada como la época del año de mayor reflexión espiritual en el mundo. No obstante, nuestra reflexión cristiana debe ser parte fundamental de nuestro estilo de vida.

Este libro queremos dedicarlo a todas aquellas enseñanzas que podemos adquirir para beneficio de nuestra teolosis (formación y crecimiento en la experiencia de vida cristiana) de los acontecimientos históricos y bíblicos registrados durante esa gran semana: La Semana Mayor. Cristo murió por nuestros pecados. Con su muerte nos dio vida. Con su resurrección aseguró esa vida que nos dio para la eternidad. El Drama de la Cruz está puesto en escena. Ahí está Dios. Ahí también estás tú. En El Calvario comienza nuestra teolosis...

Pretendemos dar una explicación a las interrogantes que inevitablemente surgen ante cada situación particular de la vida. Queremos renovar el pensamiento, descubrir verdades, penetrar misterios, encontrar respuestas. Todo esto, a medida avanzamos en nuestra experiencia de fe. En nuestro caminar con Dios. En nuestra vivencia como cristianos.

En nuestra *teolosis.*

8

DEDICATORIA

A Mi Amado Señor Jesucristo, protagonista de nuestra salvación, y de los sucesos de la Semana Santa. Gracias por tu vida, tus enseñanzas, tu inconmensurable amor y por estar siempre con nosotros. Por tu glorificación en la cruz, y por reconciliar todas las cosas en Ti.

A mi esposa Carmencita. Una vez más, gracias. Eres el testimonio en mi vida de lo que Dios ha hecho conmigo en el pasado, y de lo que también hará para honra y gloria de Su Nombre.

A mi suegro, el Rev. Francisco Colón Morales. Mi querido Viejo, gracias por todo lo enseñado. Recibe este homenaje. Lo tienes merecido.

A mis amados lectores y hermanos en Cristo. Gracias por tanto apoyo y cariño. Muchas bendiciones y próspera teolosis.

LA TEOLOSIS
Y
LA SEMANA
SANTA

UN POLLINO EN LA ALFOMBRA ROJA

Lectura: Marcos 11:1-11

Quisiera comenzar la reflexión de este pasaje con una nota biográfica de un hombre que alcanzó la fama y el reconocimiento por escribir, entre otros temas, acerca de un simple, pero muy singular burro.

Juan Ramón Jiménez fue un reconocido escritor y poeta español nacido en 1881. Comenzó estudios en derecho en la Universidad de Sevilla, pero casi inmediatamente abandonó dichos estudios y comenzó a estudiar pintura. Allí empezó a visitar con mucha frecuencia la biblioteca de Ateneo Sevillano. Estas visitas despertaron en Juan Ramón su inmenso amor por las letras y la poesía. Escribió sus primeros trabajos siendo estudiante de artes y comenzó a colaborar en periódicos y revistas de Sevilla.

Por causa de la Guerra Civil Española, Juan Ramón Jiménez y su esposa se trasladaron a Washington en 1936, y luego se ubicaron en Puerto Rico, siendo éste su exilio permanente. Comenzó a trabajar como profesor en la Universidad de Puerto Rico, al tiempo que seguía escribiendo y compilando una extensa obra literaria.

Para 1914, estando aún en España, Juan Ramón Jiménez publicó lo que fue su obra cumbre: *Platero y yo*, una hermosa inspiración poética y literaria sobre la vida y muerte de un burrito llamado Platero. Este libro, en conjunto con su extraordinaria recopilación de trabajos y publicaciones, le valió el Premio Nobel de Literatura en 1956, cuando todavía era profesor de la Universidad de Puerto Rico. Debido al delicado estado de salud de su esposa, el premio fue recibido en su honor por el entonces rector de la Universidad de Puerto Rico y amigo personal de Juan Ramón, don Jaime Benítez.

Tres días más tarde, la esposa de Juan Ramón falleció de cáncer en la antigua Clínica Mimiya en San Juan. Dos años más tarde, en 1958, Juan Ramón Jiménez falleció en la misma clínica donde su esposa había muerto.

Con esta introducción biográfica podemos hacer un reconocimiento, no solamente a la vida y obra de un hombre ilustre, sino que estamos reconociendo al que, posiblemente, sea el burro más famoso de la literatura contemporánea.

¿Qué podemos decir acerca de los burros? El burro es un animal que por muchos años ha sido muy popular en las áreas rurales en todos los lugares del mundo.

Su popularidad, sin embargo, ha ido disminuyendo a medida que los países avanzan en industrialización y en nivel económico. De hecho, en España, país de donde Platero es oriundo, un estudio reciente indicó que la población de burros había disminuido en un millón durante los últimos 50 años

Lo cierto es que, a pesar de esta realidad, el burro sigue siendo en nuestros días un inseparable y necesario compañero de viaje, particularmente cuando el camino es duro, empinado e imposible de transitar. Cuando los adelantos en la transportación no son suficientes, el burro se reivindica como carta de triunfo en la conquista de los caminos arriscados y de las cumbres inalcanzables.

No obstante, y desde mucho antes que don Juan Ramón Jiménez publicara *Platero y yo*, las Sagradas Escrituras ya habían reconocido al burro como un animal muy especial. La Biblia nos presenta algunos momentos en los que el burro brilló como héroe en la historia.

- Números 22:1-35 nos muestra la historia de una asna. Una burra. El único animal a quien se le ha permitido hablar con el ser humano. Por si fuera poco esta burra demostró tener más visión que el mismo vidente que era su dueño. Por primera vez un animal veía de manera espiritual lo que un hombre no podía ver. La burra de Balaam se convirtió en la primera gran vidente del reino animal.

- Jueces 15:15 nos presenta la quijada de un asno como el arma de guerra con el que Sansón acabó con la vida de 1,000 enemigos del pueblo de Israel. ¡Ahora entiendo por qué a los boxeadores que son difíciles de noquear se les atribuye el adjetivo de "quijadas de burro"!

- Seguramente el burro fue el medio de transporte de José y María hasta Belén, luego a Egipto cuando salieron al exilio, y luego de regreso a Nazaret. Esta travesía fue, sin dudas, una de las más importantes para la historia de la humanidad, puesto que en ella se contempló la preservación de la vida del Salvador del mundo. Desde luego, este viaje tuvo como protagonista a un paciente, dócil, útil y extraordinario burro.

Y, desde luego, otro burro muy importante en las Escrituras es el burro sobre el que Jesús hizo su entrada triunfal a Jerusalén. Su participación en la historia bíblica la encontramos en este pasaje de Marcos 11. Pero el pasaje no se limita únicamente a mencionar que Jesús entró a Jerusalén montado sobre un burro, sino que, aunque no se vean a simple vista, de esta escena tan especial se derivan poderosas y profundas enseñanzas para la vida cristiana.

Para ello, vamos a establecer una verdad central, alrededor de la cual girarán las enseñanzas de este pasaje. La verdad central que estableceremos es la siguiente: <u>Conviene que nosotros seamos los burros que Dios necesita.</u>

- ¿Por qué conviene ser los burros que Dios necesita?
- ¿Qué ocurre en nuestra vida cuando somos los burros que Dios necesita?
- ¿Qué beneficio, si alguno, ofrece ser para Dios esos burritos que Él necesita?

1. A pesar de ser burros, Dios nos escoge para tareas importantes.

Del burro hemos mencionado muchos adjetivos positivos. Sin embargo, nadie puede negar que cuando utilizamos la palabra "burro" como adjetivo, la connotación de la misma es una completamente distinta. Créame, no es lo mismo decir que "Elvin trabaja como un burro" a decir que "Elvin es un burro que trabaja".

Tal vez por esta razón es que supongo que, en un principio, la verdad central que hemos establecido no nos haya parecido muy simpática. No obstante, es maravilloso recordar en ese sentido que en Dios las cosas no tienen el sentido que pudieran tener para el hombre.

En Dios las cosas cambian por completo. En Dios las connotaciones son tan buenas, agradables y perfectas como lo son sus propósitos.

Es precisamente en este aspecto, el aspecto del propósito, que se concentra la importancia de esta enseñanza.

- En Dios somos escogidos para tareas realmente importantes no por lo que somos o por lo que hayamos sido, sino que somos llamados de acuerdo a Su propósito.
- En Dios no somos llamados a hacer grandes cosas de acuerdo a lo que antes hicimos, sino de acuerdo a lo que ahora haremos en Su Nombre.
- En Dios no somos llamados de acuerdo a los adjetivos del mundo, sino de acuerdo a los planes del Reino.
- Para Dios eres útil, aunque seas un burro.

No se trata, entonces, de lo que podamos ver en nosotros mismos, o de lo bajo que el mundo pueda catalogarnos. Se trata de la visión de Dios. De lo que Dios ve en nosotros.

De ahí surge nuestra siguiente enseñanza.

2. A pesar de ser burros, para Dios somos caballos reales.

Cuentan de un niño que vivía con sus padres al lado de un taller de escultura. En una ocasión, el niño tuvo la oportunidad de entrar para ver al escultor trabajando. Al entrar, vio un gigantesco bloque de piedra en el mismo centro del taller. El niño le comentó al escultor acerca de lo grande del bloque de piedra, a lo que el escultor le contestó:

- "En unos días te dejaré regresar para que vuelvas a verlo".

Dos meses después, el niño volvió a visitar al escultor. Al tocar la puerta, el escultor le indicó que pasara para que viera el inmenso bloque de piedra. Cual no fue la sorpresa del niño cuando entró al taller y, en lugar del bloque de piedra, se encontró frente a una impresionante escultura de un hermoso caballo. El niño se volvió al escultor, y con absoluta gracia infantil le preguntó:

- ¿Cómo sabías tú que dentro de esa piedra había un caballo?

El escultor le respondió:

- Lo vi porque eso hacemos los escultores. Vemos en las piedras los caballos que hay dentro.

La visión de Dios es la visión del artista. Dios siempre ha tenido la capacidad de hacer grandes cosas con aquello que muchos llaman inservible. Dios convierte en útil aquello que es inútil.

- Dios supo transformar una tierra desordenada y vacía en una creación buena en gran manera.
- Dios supo transformar lo maldito de la cruz en bendición y salvación para la humanidad.
- Dios supo transformar una fría sepultura vacía por medio de la resurrección en la verdad central de nuestra fe.

Nadie podía pensar que Jesús entraría a Jerusalén cabalgando sobre un burrito, siendo Él el Creador del cielo y de la tierra. Ciertamente Jesús podía disponer para sí mismo una entrada espectacular con toda una caballería celestial. Sin embargo, así como sucedió con la piedra y la escultura, hoy Dios nos mira con los ojos del artista.

- En Dios, a pesar de que seamos burros, somos transformados en caballos reales.
- En Dios pasamos de ser extranjeros y advenedizos a hijos y coherederos del Reino.
- Con Cristo pasamos de caminar por el valle de sombra y de muerte al desfile de la alfombra roja de su gloria.

- Con Cristo pasamos a ser la cabalgadura del Rey de reyes y del Señor de señores.

No obstante, y a pesar que esta transformación es de por sí extraordinaria, el impacto de Dios en nuestra vida no se limita únicamente a nuestra relación con Dios, sino que también se proyecta hacia nuestra relación con los demás. De eso trata precisamente nuestra próxima enseñanza.

3. A pesar de ser burros, con Dios podemos entrar a la ciudad por la puerta ancha.

Noten ustedes que ciertamente Jesús fue vitoreado y aclamado como el Rey de Israel. La admiración del pueblo era tal que dice la Escritura que la gente tendía sus mantos en el camino para que Jesús pasara. Otros cortaban ramas y las colocaban a su paso.

Ahora bien, estoy convencido de que para Jesús esto no representó una cuestión significativa, al menos por dos razones principales.

En primer lugar, Jesús tenía claro que su reino no era de este mundo. (Juan 18:36). Por tanto, los vítores y demostraciones de admiración no le inmutaron ni lo desenfocaron en lo absoluto.

En segundo lugar, si el que la gente tendiera sus mantos y las ramas de los árboles en el camino tenía el propósito de suavizar o acojinar su paso, entiendo que para Jesús esto también pasó inadvertido. ¡Jesús no iba caminando! Jesús no sintió lo duro del camino ni tampoco lo suave de los mantos ni lo fresco de las ramas tendidas en el suelo ¡Jesús iba montado sobre el burro!

¿Qué significa esto? Simple y sencillamente que los mantos y las ramas no pretendían facilitar el camino del Maestro. ¡Los mantos y las ramas del camino facilitaban, suavizaban y acojinaban el camino del burro!

De eso trata precisamente esta enseñanza. Ciertamente, cuando nos disponemos a ser los burritos que Dios necesita, la misma gente que hasta nos considera poca cosa, que nos considera insignificantes y que nos llama "burros" terminarán siendo los mismos que nos abrirán paso y se rendirán a nuestros pies.

- Cuando nos disponemos a ser los burros que Dios necesita, Él es quien aderaza mesa delante de nosotros y en presencia de nuestros angustiadores.
- Cuando nos disponemos a ser los burros que Dios necesita, Él es quien unge nuestra cabeza con aceite y llena nuestra copa hasta dejarla rebosando.

- Cuando nos disponemos a ser los burros que Dios necesita, Él es quien manda a sus ángeles para que nos guarden en todos nuestros caminos, de modo que nuestro pie no tropiece en piedra.
- Cuando nos disponemos a ser los burros que Dios necesita, Él es quien nos permite pisar y hollar al cachorro del león y al dragón.

Solamente con Cristo es posible entrar a la gran ciudad, a la gran celebración de la Pascua, a la victoria y al reconocimiento del pueblo como si entráramos caminando sobre una alfombra roja.

Hasta aquí hemos considerado enseñanzas prácticas que se desprenden de la participación de un noble burrito en la escena de la entrada triunfal de Jesús a Jerusalén en plena celebración de la Pascua. Ahora bien, la consideración más importante que debemos plantear es precisamente aquella que hace posible todas las anteriores. Esa es, precisamente, la que establecimos al principio como nuestra verdad central del pasaje: Conviene que seamos los burros que El Señor necesita.

La única posibilidad de que, a pesar de nuestras limitaciones, Dios nos escoja para realizar tareas realmente importantes es aceptando ser el burrito que El Señor necesita.

- Seremos caballos reales y distinguidos del Reino solamente si Jesús cabalga sobre nosotros.
- Nuestro caminar por el camino será más llevadero y más seguro solamente si dejamos que Jesús vaya sobre nosotros.
- Nuestra única opción de desfilar en la alfombra roja de la victoria y el reconocimiento de los demás se encuentra en ser los burros que el Maestro necesita.

No permitamos que ser burros sea solamente un adjetivo. No permitamos que ser burros sea nuestro calificativo en la vida y ante el mundo. Conviene que seamos burros de profesión, listos y dispuestos para El Rey que viene.

Conviene que seamos los burros que El Señor necesita...

UNA CURVA CONTRADICTORIA

Lectura: Mateo 27:38-43

Un hombre llegó a construir, con mucho sacrificio, una importante empresa. Desde muy joven le dedicó todo su tiempo y empeño. Puso en ella todas las características que lo distinguían, al punto que la empresa era, prácticamente, un reflejo de su personalidad. Este hombre planificó cuidadosamente su retiro, y llegado el tiempo, transfirió su poder en la empresa a su hijo, quien con el ejemplo de su padre y sus consejos se dedicó a continuar la tarea.

No pasó mucho tiempo cuando este joven empresario tuvo que enfrentar grandes dificultades. La economía mundial había caído dramáticamente y la toma de decisiones era cada vez más difícil y arriesgada. El muchacho se mantuvo escuchando los consejos de su padre, pero los directivos de la empresa mostraban cada vez más reservas y desconfianza.

Un día el presidente del consejo financiero se comunicó con el padre del joven. En su conversación, trató de convencerlo de salir de su retiro para que, una vez más tomara las riendas de la empresa.

- No es que tu hijo lo haga mal. – dijo el presidente. – Vemos que se esfuerza mucho por mantener la compañía a flote. Pero realmente te necesitamos. Si tú estuvieras aquí, las cosas serían de otra manera.
- Lo siento, - le respondió el anciano. – el plan era que mi hijo asumiera el control de la empresa. Si regreso, estaría echando por tierra todo un plan cuidadosamente implementado. A ti te parecerá que es un error, pero el plan no puede detenerse. Ya verás que todo saldrá bien.

La caída de la economía le permitió al joven introducirse en otros mercados, logrando diversificar la función de la empresa y sus inversiones. Una vez terminó la crisis económica, la empresa, no sólo se mantuvo a flote, sino que se fortaleció aún más, llegó a conquistar otros mercados y logró un crecimiento nunca antes imaginado.

En ocasiones, cuando vemos que las cosas se ponen difíciles, llegamos a pensar que lo mejor sería renunciar y buscar otros horizontes. Los seres humanos preferimos huir de los problemas en lugar de enfrentarlos.

Mi pensar en ese sentido es muy práctico. Uno debe huir de los problemas cuando no los tiene, pero debe enfrentarlos cuando los tiene.

Para no tener problemas, lo mejor es no buscarlos. Pero si ya los tenemos, lo mejor es resolverlos.

También digo que todo problema tiene solución. Aquellos que no tienen solución realmente no se llaman problemas. Algunos les llaman destino. Yo aprendí, por la gracia de Dios, a llamarlos curvas.

En la vida se nos presentarán muchas de esas curvas que inevitablemente tendremos que realizar a lo largo de nuestra vida. Una curva es un cambio de dirección. Por tanto, tomar esas curvas será absolutamente necesario, pues si no tomamos esas curvas y cambiamos de dirección, es muy posible que no lleguemos a donde queremos llegar.

- No tomar la curva es seguirlo de largo.
- Es pasarnos la salida.
- Es ignorar una nueva posibilidad.
- Es seguir la ruta más cómoda porque no hay desvíos. Donde todo parece fácil y donde no hay retos.

A todos nos llega ese momento de decisión. Muchas veces, en momentos en los que creemos que la ruta que llevamos nos llevará al lugar correcto, tristemente descubrimos que nos equivocamos en el camino. Nos damos cuenta que nuestro plan falló.

Lo triste de este asunto es que, muchas veces, regresar ya no es una opción. Perdimos la oportunidad. Se nos pasó la curva. Ya no podemos regresar.

Jesús tuvo esa situación de frente. Siendo el Hijo de Dios no tenía de qué preocuparse. Todo lo tenía. Todo lo podía. Era uno juntamente con el Padre y el Espíritu Santo. Pero Él tomó una decisión inexplicable. Él renunció a Su gloria por venir a la Tierra y morir por los pecadores. Para ello, Dios trazó un plan. El plan incluía que tenía que venir en forma de hombre para lograr su objetivo. Fue, entonces, que se apareció la curva en el camino. Y Jesús tomó la curva. Tomó el desvío, y llegó a la Tierra.

Una vez tomada la curva, Jesús comenzó un ministerio glorioso. Jesús acercó el Reino de los Cielos a los hombres. Fue maravilloso ver cómo sanó los enfermos, libertó a los afligidos y endemoniados, revivió a los muertos y trajo esperanza y paz a todos, en especial a los pobres.

Sin embargo, ese no era el plan completo. El hombre necesitaba todo lo que Jesús le dio. Pero todavía faltaba algo más. El hombre necesitaba reconciliación con El Padre, perdón de sus pecados y salvación eterna.

Para eso,

- Era necesario terminar **todo** el plan.
- Era necesario completar **toda** la ruta.
- Pero esa ruta incluía tomar otra decisión.
- Era necesario entregar Su vida por los hombres.
- Era necesario tomar **otra curva**.

Es a este punto al que nos trae este pasaje.

Jesús había sido crucificado. Estaba atravesando por el dolor más agudo jamás conocido. El término científico para esta clase de dolor es "excruciante". Así llaman los médicos al dolor producido por la tortura de la crucifixión. El dolor es indescriptible, de acuerdo a los estudios científicos que demuestran, con lujo de detalles, los efectos que se van produciendo en el cuerpo hasta que finalmente la persona muere. Y es precisamente en ese momento tan terrible que el pueblo le lanzó una oferta a Jesús. El pueblo comenzó a pedirle a Jesús que se baje de la cruz.

Yo no dudo que Jesús tuviese el poder para hacerlo. De hecho, Él mismo dijo algo similar en Mateo 26:52-53 cuando le dijo a Pedro en el Huerto de Getsemaní que Él podía pedir legiones de ángeles que vendrían inmediatamente a su defensa.

Pero, aún cuando podía hacerlo, no lo hizo. Prefirió permanecer en la cruz. Prefirió seguir soportando el dolor. ¿Quiere saber por qué?

Seguramente usted me dirá que lo hizo por amor. Ciertamente así fue. Jesús no pudo demostrar más amor por nosotros al ocupar el lugar que nos correspondía. ¡Éramos nosotros quienes debíamos estar crucificados! Pero Jesús se puso a sí mismo en expiación por nuestros pecados.

Ahora bien, yo no puedo, ni pretendo menospreciar tan grande demostración de amor de parte de Nuestro Señor. Sin embargo, quisiera compartir con usted otra perspectiva de este pasaje. Siempre he dicho que a Jesús se le conoció como Maestro, no por casualidad, sino porque Él dejaba una enseñanza para nuestra vida con todo lo que decía y con todo lo que hacía.

¿Por qué Jesús no se bajó de la cruz? No sólo por amor, sino por otras interesantes razones.

Veamos algunas de ellas.

1. La curva hay que completarla.

Vamos a analizar un poco este concepto de la curva para que podamos entender por qué es necesario completarla.

Cuando una persona está tomando una curva en su camino, necesariamente tendrá que hacer lo siguiente:

- Reducir la velocidad. Si no reduce la velocidad, corre el peligro de perder el control y estrellarse.
- Mantener el volante girado hacia la curva. Si no mantiene el volante girado en dirección de la curva, también corre el peligro de salirse del camino.

Por esto es que podemos decir que Jesús tomó una curva y se mantuvo en ella. Como hemos dicho, Jesús decidió abandonar Su gloria por venir al mundo a salvarlo. Para ello, tuvo que reducirse a un cuerpo mortal. No podía venir como Dios, aunque en Él habitaba, y habita, toda la plenitud de la Deidad. (Colosenses 2:9). Tenía que venir como hombre para morir como hombre.

Ya hecho hombre, Jesús había reducido su velocidad para tomar esta importante curva. Así vivió entre nosotros y ministró entre nosotros.

Pero, como también hemos mencionado, faltaba esta otra parte del plan. Jesús tenía que morir por nosotros para completar el plan de salvación. En ese sentido, nada podía distraerlo del plan. Nada podía apartarlo de la curva.

Era necesario mantenerse en la curva. De otra forma, el plan de salvación sería un fiasco, porque nunca se hubiera completado y porque ni el mismo Dios creía en el mismo. Por tanto, si no se mantenía en la cruz, no se hubiera completado el plan. El plan había que terminarlo. La curva tenía que completarse.

Pero Jesús nunca deja nada incompleto. Jesús no soltó el volante. Por el contrario, se aferró a los clavos. Se agarró de la cruz. Aunque doliera. Aunque sangrara. El plan de Dios era salvarte a ti. Era salvarme a mí. Jesús estaba decidido. La suerte estaba echada. Nuestra redención estaba a punto de completarse.

2. Dios siempre tiene algo mejor en mente.

Bastaría con decir que la salvación que Cristo alcanzó para nosotros es motivo suficiente para todo el padecimiento que sufrió. Sin embargo, había una poderosa razón para no bajarse de la cruz. Una razón verdaderamente extraordinaria. Lo mejor que tiene esta otra razón es que ya Jesús se la había mencionado al pueblo. ¡Y nadie se había dado cuenta!

En Juan 10 encontramos el discurso de Jesús sobre El Buen Pastor. Pero, específicamente en Juan 10:17-18, encontramos esa maravillosa clave de lo que iba a suceder.

Juan 10:17-18 nos dice:

"Por eso me ama el Padre, porque yo pongo mi vida, para volverla a tomar. Nadie me la quita, sino que yo de mí mismo la pongo. Tengo poder para ponerla, y tengo poder para volverla a tomar. Este mandamiento recibí de mi Padre". (RVR60).

¿Cómo nadie pudo darse cuenta de que el milagro de la resurrección había sido anunciado por anticipado? Simple y sencillamente Jesús no se bajó de la cruz porque lo que venía después era mucho más glorioso, maravilloso y espectacular. Pedirle a Jesús que se bajara de la cruz era pedirle que renunciara a la mejor parte del espectáculo. El acto a continuación sería mucho más extraordinario. Jesús había recibido un mandamiento. Había recibido una orden. Según el pasaje de Juan 10:17-18, El Padre había dicho a Jesús lo siguiente:

"Hijo, te amo por lo que vas a hacer. Pero he dado la orden de que vuelvas a la vida una vez completes la tarea. Volverás a vivir. ES UNA ORDEN".

¡Genial!! Ciertamente lo que ya Jesús tenía en mente, y lo que juntamente con El Padre estaba previamente acordado, era mucho más extraordinario que simplemente bajarse de la cruz.

Yo creo que Jesús hubiera logrado un poderoso milagro con simplemente bajarse de la cruz. Pero Jesús escogió hacer algo mucho más grande e impresionante. Jesús no evitó morir, sino que escogió vivir después de muerto.

De primera impresión, parecería una gran contradicción no salvarse mientras podía, sobre todo, porque Jesús tenía poder para hacerlo. Sin embargo, el plan de Dios era mucho mejor. La cruz representó esa gran contradicción que no sólo salvó al mundo, sino que demostró sin lugar a dudas el poder de Cristo.

Por eso es que hoy la cruz, por contradictorio e increíble que parezca, sigue siendo la contradicción que salva al mundo. La cruz es la muerte de un inocente por amor de los culpables. La cruz es la imagen de un acto cruel que pasó a ser sublime y glorioso.

Jesús no fue a la cruz a ser sacrificado. Jesús fue a la cruz a ser glorificado. El padecimiento de la cruz lo llevó a ser glorificado por El Padre.

Y, ciertamente, si nosotros padecemos juntamente con Cristo, seremos igualmente glorificados con Él. (Romanos 8:17). La cruz trajo glorificación a Jesús, y trae glorificación a todo aquel que, al igual que Jesús, la recibe.

¿Qué acto hubiera sido más grande: bajar de la cruz o resucitar de entre los muertos?

Ciertamente Jesús escogió el más grande de los dos. Los del pueblo querían que Él demostrara que era el Hijo de Dios. Yo creo que lo hizo, y lo hizo en grande, ¿no le parece?

3. Cristo permaneció en la cruz para que creyéramos en Él.

Esta razón o motivo es prácticamente una combinación de las anteriores. La enseñanza práctica para nuestra vida está encerrada en esta verdad.

- Podemos amar a Dios porque El nos amó primero.
- Podemos creer en este sacrificio de Cristo para salvación porque Él se las jugó todas en este plan. Él creyó en este plan primero que nosotros.
- Podemos confiar en Dios porque Dios siempre tiene algo mejor en mente.
- Podemos aceptar el plan perfecto de Dios porque Cristo permaneció en la cruz para completarlo. El Padre lo diseñó y El Hijo lo ejecutó a la perfección.
- Podemos alcanzar salvación en Cristo porque El, no sólo murió en la cruz, sino que se levantó de la muerte.

- Por tanto, podemos también enfrentar los problemas y tomar las curvas que nos presente la vida porque Él lo hizo, Él vive y está con nosotros.

Ahora bien, ¿cómo podemos nosotros alcanzar todo esto? ¿Cómo podemos nosotros encontrar salvación, perdón y reconciliación con Dios? ¿Cómo enfrentaremos los problemas y tomaremos las curvas de la vida?

Pienso que sería necesario mencionar una última enseñanza del pasaje.

4. Hay que ir a la cruz.

Jesús no hubiera podido alcanzar todo lo que alcanzó para nosotros si no iba a la cruz. Ya había tomado la curva. Este era el punto de no retorno. El plan ya estaba trazado. Era necesario completarlo. Y, como ya sabemos, Jesús nunca deja nada incompleto. Pero para eso, Jesús no sólo necesitó despojarse de Su gloria. Jesús no sólo se despojó de todo. También fue dejado como despojo.

Jesús no tuvo a nadie de quién aferrarse. Ningún apoyo. Estuvo solo. Lo dejaron solo. Fue en la cruz donde encontró la mayor expresión de debilidad humana. Jesús fue a la cruz hecho carne. Fue hecho pecado, sin serlo.

Fue cargado de golpes, bañado en su propia sangre, sucio, escupido, burlado, desnudo y avergonzado.

Sin embargo, fue en la cruz donde se pagó el alto precio de la redención. Hoy nosotros hemos alcanzado la salvación porque Cristo fue solo a la cruz y porque sólo Cristo fue a la cruz.

La cruz significa el más grande amor de Dios para la humanidad. Pero la cruz no tiene significado a menos que vayamos a ella. Jesús no necesitaba salvación. La necesitábamos nosotros. La cruz no era para Jesús. La cruz era para nosotros. La cruz significa salvación para todo aquel que viene a la cruz.

Nuestra ilustración de la empresa nos enseña que aferrándonos al plan alcanzaremos mucho más de lo esperado. El hijo del dueño y los miembros de la junta directiva se mantuvieron en la curva y vieron la recompensa. Jesús también se mantuvo firme en el plan trazado para nuestra salvación. Tuvo que morir, pero obtuvo algo más maravilloso. Resucitó de entre los muertos y alcanzó del Padre la glorificación eterna.

Y tú, ¿qué harás? ¿No tomarás la curva? ¿Rechazarás la cruz?

¿O será que prefieres tomar la curva? La cruz cambiará tu vida. La curva cambiará tu dirección.

Hoy estás en la curva. ¿La tomarás? La cruz está hoy frente a ti. ¿Vendrás a ella? Lo que te espera es mucho mejor de lo que piensas si te acercas a la cruz y si realizas la curva.

Jesús permaneció en la cruz, y por eso hoy vive para siempre. ¿Quieres tú lo mismo…?

EL DRAMA DE LA CRUZ

Lectura: Lucas 23:44-49

La escena es conocida por todos. Es, seguramente, la escena de crueldad más aberrante e injusta que haya registrado la historia. Este es un drama verdaderamente impresionante. Y es seguramente el drama más comentado de la historia.

Todavía en nuestros días, y particularmente en un día como Viernes Santo, este drama de la cruz es el tema a considerar, tanto por el pueblo cristiano, como por el pueblo que no le sirve a Dios.

Considero precisamente ese tema, El Drama de la Cruz, para comenzar a reflexionar. Pero no lo voy a hacer de la manera que se acostumbra en un día como ese. Es más, pienso que no voy a ser tan ceremonial ni tan tradicional. Pienso, como siempre he pensado en relación a todos los temas de la Biblia, que un tema debe tener un sentido práctico para nuestra vida.

No importa de lo que se hable en las Escrituras, eso que se hable tiene que servirme de aplicación, tiene que ser pertinente a mi vida, tiene que servirme de algo, aquí y ahora.

Pudiéramos resumir que el drama de la cruz realmente tiene un sentido práctico para nuestros tiempos. Esto es así, porque todavía hoy el sacrificio de Cristo en la Cruz del Calvario es perfecto para la salvación de la humanidad. Todavía la sangre de Cristo derramada por nosotros nos limpia de todo pecado. Todavía la gente puede salvarse si recibe a Cristo como su Salvador. Y, en ese sentido, el drama de la cruz sigue teniendo vigencia. Sigue siendo actual. Sigue siendo eficaz y poderoso.

Pero yo lo invito a que seamos un poco más creativos en nuestra reflexión. Vamos a profundizar en este evento. Vamos a analizar este evento desde otro ángulo. Veamos cuáles otras enseñanzas, aparte de las conocidas, podemos obtener para nuestro beneficio.

Hemos dicho que el tema que estamos considerando es "El Drama de la Cruz". Y es aquí, en el tema, que podemos encontrar una clave para nuestro análisis. La palabra clave es "drama". Ahora bien, ¿qué elemento de un drama pudiéramos considerar como el más importante? Los personajes, por supuesto. Tan sencillo como que sin personajes no podemos tener drama, aun cuando pudiéramos tener una buena trama.

Y el Drama de la Cruz no es la excepción. Por tanto, entiendo que, si consideramos analizar la historia que nos presenta este drama, debemos considerar también los personajes de esta historia, de este drama.

¿Por qué pienso que debemos considerar los personajes de este drama? ¡Porque Jesús ya lo hizo!!! El mismo Jesús también lo consideró prudente e importante. ¿Por qué digo esto? Porque de otra manera estos personajes no se hubieran mencionado en la historia. Si Jesús no hubiera considerado importantes a los personajes, sencillamente no se hubieran mencionado para nada.

Pero hay algo que me hace pensar aún más allá. Si Dios consideró que mencionar estos personajes era importante, debió ser por una razón justificada. Recordemos algo muy importante: Dios no hace las cosas sin un propósito. Por otra parte, siempre he enseñado que a Jesús se le conoció como Maestro porque siempre nos enseñó algo, con todo lo que decía y con todo lo que hacía.

Por tanto, si esto es así, podemos decir que Dios dispuso que estos personajes del Drama de la Cruz fueran considerados en las Escrituras porque estos personajes también tienen algo que enseñarnos.

Esa es, precisamente, la enseñanza que deseo destacar: La enseñanza de los personajes del Drama de la Cruz.

De más está decir que Jesús fue, sin lugar a dudas, el personaje más importante de este drama. Su obediencia hasta la muerte, su sacrificio, siendo inocente, por nosotros, los verdaderos culpables y la expresión máxima de amor al entregar su propia vida por nosotros son sólo algunas de las lecciones que Jesús nos enseñó a nosotros en este drama. ¿Estamos de acuerdo? Pero, ¿y qué me dice de los otros personajes del drama?

Acabamos de decir que los demás personajes del Drama de la Cruz tienen algo que enseñarnos. Veamos entonces esos personajes y esas enseñanzas.

Los ladrones

Si comenzamos por los ladrones que Jesús tenía a cada lado, podemos notar que nuestro drama presenta una división. Los personajes de nuestro drama se dividen en 2 bandos. La actitud de cada uno de estos hombres establece la actitud de la humanidad ante el Drama de la Cruz. Por una parte, los que reconocen a Jesús como el Salvador del mundo, y por otra parte, aquellos que, ni aún en el final de sus vidas quieren reconocer a Jesús como su Salvador.

Esta es una enseñanza preciosa, sin embargo, lo que mucha gente no ha realizado, lo que mucha gente no ha notado de esto es que la humanidad está más cerca de este drama de lo que ella misma cree. El Drama de la Cruz coloca obligatoriamente a la humanidad en uno de esos 2 bandos.

Todos aquellos que hemos recibido a Jesús como Salvador de nuestras vidas, estamos precisamente en el bando de aquel ladrón que ese mismo día pasó con Jesús al Paraíso, y todo aquel que hoy también acepte a Jesús como Salvador de su vida, hoy mismo estará pasando a ese mismo lado. Pero quien no lo ha hecho, y quien no lo haga, estará quedándose irremediablemente en el otro bando. No hay escapatoria. El Drama de la Cruz nos define. En el Drama de la Cruz, ¿dónde queremos estar?

Pero esos no son los únicos grupos de personajes. Veamos los siguientes.

María y Juan

El caso de María y Juan es uno muy hermoso, porque representa a este grupo de personas que se sacrifican por estar cerca de Jesús. Seguramente no se les hizo fácil atravesar la multitud para llegar hasta el frente. Sin embargo, aunque evidentemente lo lograron, hacerlo tuvo que costarle esfuerzo.

Yo le pregunto, ¿habrá alguno de nosotros a quienes nos ha costado estar cerca de Jesús? Ciertamente sí. Yo estoy seguro de que muchos de nosotros hemos tenido que vencer tentaciones, hemos tenido que enfrentar luchas, ciertamente hemos dejado atrás muchas cosas (particularmente muchas malas costumbres) para llegar cerca de Jesús.

Sin embargo, el caso de María y Juan me hace pensar que, aún con todo ese esfuerzo, todavía nos falta aún más. Esto es así porque María y Juan querían algo más.

Ellos no se conformarían con llegar cerca. Ellos querían llegar al pie de la Cruz. Y para eso, no bastaba con atravesar la multitud. Tenían incluso que pasar el grupo de soldados que custodiaban la escena. Y pasar el grupo de soldados representaba, no sólo un peligro inminente de sufrir lesiones serias, sino incluso una posibilidad grande y real de perder la vida. Yo le pregunto, ¿estamos igualmente dispuestos a enfrentar lo que sea por estar cerca de Jesús? ¿Crees que ya has hecho suficiente, o estás dispuesto a meterte más adentro en tu relación con Dios?

Ahora bien, este bando, cuya característica principal es ser gente esforzada, tiene la particularidad especial de suelen estar rodeados de personas y circunstancias contrarias. Nunca les faltan oposiciones.

No se trata de que sean conflictivos. Sucede que en ocasiones la gente que los rodea representa un obstáculo para lograr una verdadera relación con Dios. Y con María y Juan no fue la excepción. Alrededor de María y Juan había, al menos, 2 tipos de personajes adicionales que representaron un gran reto en sus intenciones de estar cerca de Jesús.

Los soldados

Acabamos de decir que María y Juan tuvieron que atravesar al grupo de soldados para estar a los pies de Jesús. Pero, ¿notaron algo interesante? <u>Los soldados también estaban cerca de Jesús.</u> De hecho, estaban bien cerca. ¿Significa esto que ellos pertenecían al grupo de esforzados como María y Juan? Ciertamente no.

Por tanto, aquí tenemos otra enseñanza para nosotros. No es más importante el estar, sino la actitud con la que estamos. Estos soldados no sólo estaban bien cerca, sino que, seguramente, ¡tenían la posibilidad de tocarlo!! Estos soldados estaban muy cerca, sin embargo, estaban muy lejos.

Y así sucede con muchas personas que piensan que con solamente hacer acto de presencia al templo ya están haciendo suficiente. Piensan que venir al templo alguna que otra vez es, al menos, mejor que no venir.

¡Mucho cuidado! No basta con acercarnos a la iglesia de Dios, tenemos que acercarnos con la actitud correcta al Dios de la iglesia. Cuando María y Juan se acercaron a los pies de la Cruz, recibieron de Jesús justamente la respuesta a sus necesidades. María recibió un hijo, y Juan recibió una madre. ¿Recibieron algo los soldados?

Ahora bien, ¿creen ustedes que los soldados podían recibir algo de Jesús? Yo creo que sí. Y es que, precisamente dentro del grupo de los soldados que estaban cerca de Jesús se nos presenta nuestro próximo grupo de personajes de nuestro drama.

El Centurión

Lucas 23:47 nos presenta una destacadísima participación de un hombre que, aunque ciertamente estaba cerca de Jesús, estaba en el bando equivocado. Ese hombre era el centurión. Este centurión era aquel que seguramente estaba a cargo de los demás soldados que rodeaban a Jesús, sin embargo, con este hombre sucedió algo especial.

Yo no dudo que tal vez este hombre fuera quien traspasó a Jesús con la lanza. Seguramente se divirtió muchísimo cuando los demás soldados echaban suerte por las vestiduras de Jesús. Sin embargo, con este hombre sucedió algo diferente a los demás.

Lucas 23:47 nos dice que el centurión *"vio lo que había acontecido"*.

Este hombre se dio cuenta de que algo especial y sobrenatural estaba sucediendo a su alrededor. Este hombre puso su vista, su mente y su corazón en la dirección correcta. Este hombre miró…, y reconoció. Hizo caso al llamado que Dios le hacía a su vida por medio de las cosas que él mismo vio que sucedían a su alrededor.

Y así, aun cuando estaba perdido estando tan cerca de Jesús, aun cuando estaba en el bando incorrecto, aun cuando su actitud era equivocada, este hombre cambió. No sólo vio, sino que reconoció la naturaleza del hombre que había muerto en ese momento.

A muchos de nosotros, que hemos visto todas las cosas que han acontecido a nuestro alrededor, que hemos sido testigos de las cosas que Dios ha hecho por nosotros en el pasado, muchas veces se nos olvida la naturaleza de Dios. Peor aún, no vemos todas las cosas que Dios está ahora mismo haciendo por nosotros. Y, como el resto de los soldados, nos perdemos de la bendición de Dios aún con lo cerca que estamos.

Pero en el caso del centurión sucedió algo especial. Su "personaje" tuvo un giro muy interesante, particular y glorioso.

Este hombre cambió su mirada de donde estaban los demás soldados, y no fue hasta que hizo esto, que pudo ver lo que sucedía a su alrededor. Finalmente nos declara el pasaje que dio gloria a Dios.

¿Podía dar gloria a Dios sin que hubiese experimentado algo especial en su vida? Debemos también preguntarnos, ¿es nuestra actitud la correcta en presencia de nuestro Dios? ¿Podemos ver realmente, como este centurión, todo lo que hoy ha acontecido? ¿Podemos ver todo lo que Dios está haciendo por nosotros?

Muchos de nosotros hoy solamente vemos lo horrible que estamos pasando, sin embargo, no podemos ver que, tal y como en el Drama de la Cruz, algo hermoso y digno de alabanza a Dios está sucediendo en nuestra vida.

El centurión lo vio. ¿Lo ves tú?

El pueblo

Es interesante considerar que todo el mundo está de frente a este Drama de la Cruz. Absolutamente todo el mundo tiene de frente este panorama, como lo tuvo el pueblo en ese momento. Y alguna vez en su vida tendrá que considerar lo que este panorama representa para su vida.

Yo pregunto, ¿habrá alguien que no sepa lo que significa el Viernes Santo? Entonces, si todo el mundo sabe lo que significa el Viernes Santo, ¿dónde están? ¿Por qué no actúan como si de verdad conocieran lo que significa el Viernes Santo?

Es interesante ver cómo aquí en Puerto Rico mucha gente desde el día anterior se van de "fin de semana largo", sin embargo saben lo que significa el Viernes Santo. Se abstienen de comer carne, o simplemente comen pescado, pero no se abstienen de ingerir bebidas alcohólicas. Hablan de quedarse tranquilos, en familia, porque ese fin de semana es uno de "recogimiento espiritual", pero se embriagan y actúan desordenadamente delante de sus mismas familias. Lo cierto es que, alegando respetar la solemnidad del Viernes Santo, no han hecho nada diferente a lo que hizo el pueblo el día que crucificaron a Jesús.

Lucas 23:48 nos dice que se volteaban dándose golpes de pecho. Y así hace mucha gente hoy día. Se recogen "espiritualmente", pero lo hacen en cualquier área vacacional, hotel o cualquier otro "resort". Lo particular y significativo del pasaje no era que se golpeaban el pecho. Lo verdaderamente triste era que se volteaban. Daban la espalda. Prefieren alejarse. Abandonar al Maestro.

Escogen la playa, los hoteles y las fiestas en lugar de la Casa de Dios. Todo el mundo cree saber lo que significa el Viernes Santo, pero dan la espalda al Santo del viernes.

Por eso el pueblo en este drama tiene una gran enseñanza para nosotros. Ante el drama de la Cruz hay una gran multitud que prefiere dar la espalda. Hay muchos que se dan golpes de pecho, como si con eso se solidarizaran con el Dios que un día como el Viernes Santo murió por ellos. Son los que están lejos de la Cruz, y aún se alejan más, porque con darse golpes de pecho creen que ya han hecho suficiente.

Ahora bien, dentro de esa multitud se encuentra otro grupo de protagonistas de este drama.

Los Discípulos

Este grupo es aquel que menciona Lucas 23:49 como sus conocidos. El caso de este grupo es verdaderamente particular, pero además es un caso ciertamente lamentable. Estos son aquellos que vieron las señales y maravillas que hizo Ese que ahora está muriendo en la Cruz. Este grupo representa la condición de aquellos que, habiendo sido testigos, hoy están lejos. No obstante, y como dato interesante, Lucas 23:49 nos dice que ellos estaban mirando estas cosas.

¡Qué dramático! Estaba pasando delante de ellos el milagro de la salvación y sin embargo, ellos miraban el pasar de todas estas cosas desde la distancia. Los que una vez estuvieron en primera fila, hoy están hasta más alejados que los del mismo pueblo.

Estos representan a aquellos que una vez confesaron a Jesús, pero hoy se encuentran apartados de Él. Me pregunto, ¿sabrán ellos lo que significa el Viernes Santo? ¡Claro que lo saben!!! ¡Ellos mejor que nadie!!! Sin embargo, el sentimiento de culpa y de traición los tiene tan atados, y les remuerde tanto la conciencia que no se atreven ni acercarse. Se mantienen lejos. No obstante, aún de lejos, miran todas estas cosas.

De alguna manera saben que no están, saben por qué no están, ¡pero quisieran estar!! Y es que cuando alguien se ha encontrado con Jesús alguna vez JAMÁS vuelve a ser el mismo. Por eso, cuando alguien le habla de Jesús, su corazón les arde. El Espíritu que una vez habitó en ellos los consume. Tal y como les sucedió a aquellos discípulos que iban a Emaús. Sin embargo, la culpa no los deja acercarse.

Pero para ellos y para nosotros hay una enseñanza. Si estás lejos, lo que tienes que hacer es acercarte.

Hemos estado acostumbrados a la mala costumbre (valga la redundancia) del Viernes Santo triste, monótono y religioso, donde solamente recordamos el sufrimiento de Jesús en este Drama de la Cruz. Sin embargo, hemos visto que el Drama de la Cruz para nosotros representa algo mucho más dinámico, práctico y emocionante. Todo dependerá de la actitud que asumamos en relación al significado del Drama de la Cruz para nuestra vida. Dependerá de si queremos seguir viviendo los Viernes Santos de la manera que lo hemos hecho hasta ahora, o si queremos hacer del Viernes Santo y del Drama de la Cruz un nuevo estilo de vida de ahora en adelante.

Lo que hemos visto hoy es la realidad innegable de que el mundo entero está representado en El Drama de la Cruz. Nadie se escapa. Todos estamos ahí.

La pregunta que debemos hacernos es: ¿Dónde estoy en este drama? ¿Estoy como María y Juan, como los soldados, como el Centurión, como el pueblo, o como los Discípulos?

Si realmente eres honesto y valiente, y realmente piensas que no estás dentro del mejor grupo del Drama de la Cruz, todavía para ti hay una oportunidad de formar parte del mejor grupo en el Drama de la Cruz.

Si estás cerca y necesitas abrir los ojos para reconocer la verdadera justicia del Protagonista de la Cruz, hoy es día de hacerte Centurión. Hoy es día de cambiar la dirección de nuestros ojos y de asumir la actitud correcta de alguien que está cerca de Jesús en este drama, como lo hizo este hombre.

Si el caso es que estás lejos, como estaba el pueblo, no es momento de alejarte más dándote golpes de pecho. Con darte golpes de pecho no resuelves el dilema que representa en tu vida el Drama de la Cruz. Este drama tuvo el propósito de conseguir para ti la salvación. ¿La quieres recibir hoy y pasar al lado correcto del drama, o piensas seguir dándote golpes de pecho todos los Viernes Santo? Este Drama de la Cruz te emplaza hoy a tomar esa decisión. ¿Qué decides? ¿Te acercas o te alejas?

Ahora bien, si estás lejos, como estaban los Discípulos, ya es hora de acercarte. ¡Acércate! ¡Regresa!!! El milagro de la salvación está pasando ahora mismo enfrente de ti, y tú lo estás mirando de lejos. La culpa y el sentimiento de traición ya Jesús se lo llevó en la cruz. Ya es hora de acercarse. Ya es hora de regresar. ¡Ahora puedes!!

No dejes que el último acto del drama te sorprenda alejado de Jesús.

El telón está a punto de caer. ¿Vas a quedarte lejos, o quieres acercarte para no alejarte jamás?

Llegó tu momento de actuar en el Drama de la Cruz. Tu Viernes Santo es hoy...

EL PERDÓN DE LA CRUZ
(Palabra #1)

Lectura: Lucas 23:34

Durante la Semana Santa, el pueblo cristiano conmemora el evento más trascendental que registra la historia. La muerte de Jesús de Nazaret en una cruz, en un monte en Jerusalén llamado de La Caravela, o Monte Calvario, fue un hecho real. es un acontecimiento documentado por los historiadores, y ha sido un suceso narrado de generación en generación. Nadie puede dudar, con tanta evidencia existente, la verdad de este terrible acto y de esta muerte tan horrenda.

La Biblia nos narra, en los 4 Evangelios del Nuevo Testamento, los detalles de este evento. Gracias a la descripción de la muerte de Jesús que obtenemos de las Escrituras, hoy nosotros podemos, en nuestra imaginación, remontarnos a esa escena del Calvario. Más aún hoy, cuando la ciencia moderna puede brindarnos explicación para muchas de las circunstancias que rodearon este suceso, es posible crear en nuestra mente una imagen de lo que representó este hecho, y de lo que allí sucedió.

Es una escena cruel, indignante, macabra, aberrante, llena de odio, golpes y sangre.

Jesús no fue muerto en la cruz. La cruz fue donde finalmente murió. A Jesús lo fueron matando poco a poco. Lo que hicieron con Él fue un verdadero despliegue de brutalidad física, cobardía, asco y sadismo. Fue una carnicería grotesca, donde se dio rienda suelta a la rabia, al abuso y a la esquizofrenia enfermiza de ver la sangre correr. (Perdónenme si soy muy gráfico, pero así lo cuenta la historia, así lo imagino en mi mente. Así sucedió).

Ahora estamos de frente a esta escena. Jesús ha sido clavado a una cruz, que incluso tuvo que cargar Él mismo por más de 2 kilómetros. Él está ahí, sangrando profusamente, golpeado hasta más no poder.

Es, entonces, que lo vemos que va a abrir su boca. Parece que va a decirles a toda esta gente las cuatro verdades que se merecen. Total, ya no podían bajarlo de la cruz para seguir golpeándolo. Una vez un reo era condenado a morir en la cruz, y finalmente era crucificado, ya nadie lo podía bajar de la misma. Los soldados romanos se aseguraban que la sentencia se cumpliera. Por eso custodiaban la escena.

Era la oportunidad de Jesús de injuriar al pueblo. Condenarlos por lo que habían hecho. El pueblo se lo merecía. Jesús ha abierto su boca. ¡Se va a defender!

Sin embargo, en ese momento Jesús hace algo realmente inconcebible, ilógico y absurdo. Abre la boca, con la dificultad que pudo haberle provocado tras recibir tantos golpes, y lo que hace es pedir perdón al Padre por ellos.

Esta acción de Jesús es, definitivamente, una acción ilógica, inconcebible y absurda. Pero, cuando hablamos de Jesús, estamos hablando del Dios que hace las cosas con un propósito. Por tanto, resultaría interesante analizar este hermoso propósito de Jesús desde la perspectiva del perdón.

1. El perdón es amor.

Es realmente sorprendente lo que descubrimos cuando profundizamos en las razones por las que Jesús prefirió pedir perdón al Padre, en lugar de responder la ofensa de la que había sido objeto. Para Jesús, pedir perdón al Padre por el pueblo no fue una señal de flaqueza, o debilidad, o porque le tuviera miedo al pueblo. Jesús tenía otro propósito. Jesús tenía en mente algo mucho más grande.

Jesús estaba convirtiendo al perdón en la más poderosa fuerza del mundo. Para Jesús, el perdón es la más extraordinaria demostración de amor jamás expresada. Pero a la vez, el perdón se convertiría en la más poderosa fuerza de liberación del mundo. Gracias a Jesús, el perdón es amor y libertad.

Por eso fue que Jesús pudo conseguir para nosotros el perdón de nuestros pecados por medio de su muerte en la cruz. Porque Jesús perdonó. Con el perdón demostró cuánto nos amó. Con el perdón consiguió nuestra libertad.

El perdón no nos convierte en víctimas. Nos convierte en vencedores. Jesús no venció con golpes, o con patadas, o con injurias. Jesús venció **con poder**.

2. **El perdón es el manejo correcto de la ofensa.**

Jesús pudo pedir un castigo severo para sus ofensores. Después de todo, Él era inocente. Pudo pedir 12 legiones de ángeles para que vinieran en su auxilio. (Mateo 26:53-54). Pero, de haberlo hecho, las Escrituras no se hubiesen cumplido. Con el perdón, Jesús sostuvo el propósito del Padre.

Jesús podía pedir castigo y destrucción. Estaba en su derecho. Habría sido una petición justificada. Pero Jesús no pidió castigo. No pidió venganza. No demandó justicia divina. Lo que pidió para sus ofensores fue perdón.

¡Cómo contrasta esta actitud de Jesús con la actitud que muchas veces asumimos nosotros los cristianos!

Muchas veces somos extraordinariamente vengativos a la hora de pedir a Dios que nos haga justicia contra nuestros enemigos. Conocemos y recitamos muchos salmos. Reclamamos la justicia de Dios para que nos cobre una deuda de venganza. Hablamos de "fuego consumidor", "talar", y "acumular ascuas de fuego sobre la cabeza de nuestros enemigos".

Para esto, y otras magníficas expresiones de ira, somos expertos usando las Escrituras. Aplicamos toda clase de pasajes bíblicos para proferir maldiciones contra los que nos han ofendido.

Y Jesús, ¿qué hizo?

- Jesús decidió que la venganza no lo envenenaría.
- Jesús no permitió que el "lado oscuro" lo dominara.
- Jesús optó por la mejor decisión.
- Jesús decidió echar mano de un poder superior.
- Jesús se armó de perdón.

Nada mejor que el perdón para desarmar al enemigo y desmantelar la ofensa. El perdón no es magia, pero hace desaparecer el enojo. La ofensa, la injuria y la injusticia podrán ser grandes, pero siempre encontrarán en el perdón a un enemigo invencible.

El perdón logró su cometido. Jesús volvió a vencer.

3. El perdón separa la ofensa de la persona.

Con todo el poder que el perdón proporcionó a Jesús, noten ustedes que en ningún momento esto representó que alguien en específico saldría lastimado.

Los soldados romanos fueron los ejecutores de gran parte de la barbaridad cometida contra Jesús, sin embargo, no creo que haya sido precisamente, o únicamente por ellos por quienes Jesús pidió perdón al Padre. Aunque ciertamente Jesús estaba muriendo por ellos, recordemos que para los soldados, todo esto era parte de su trabajo. Estaban acostumbrados a ejecutar las órdenes y cumplir con funciones como éstas regularmente. Para ellos, Jesús era otro reo a quienes tenían que crucificar.

No obstante, Jesús estaba siendo absoluto en su solicitud al Padre. Estaba pidiendo perdón por todos. Y lo hacía porque estaba muriendo por todos. Por quienes lo golpearon. Por quienes ordenaron la golpiza. Por quienes mintieron. Por quienes no testificaron la verdad. Por los romanos. Por los judíos. Por ti y por mí. Por todos.

Jesús pide perdón por las ofensas. Por todas las ofensas. Por el pecado de todos, lo que significa que cuando pide perdón al Padre, lo hace ciertamente condenando las acciones, pero intercediendo por las personas.

Esto hace sentido, y concuerda con el carácter de Dios. Dios siempre ha aborrecido el pecado, pero siempre ha amado al pecador. Jesús entendía esta diferencia. Jesús es Dios.

Es por esto que, cuando pide al Padre que los perdone, especifica claramente que ellos no saben lo que hacen.

En esta escena, la verdadera víctima era el pueblo. El pueblo estaba siendo víctima de su propia ignorancia. Lo triste es que eran ignorantes, no por falta de información, sino por falta del conocimiento. Conocían las profecías, pero las habían olvidado. Las confundieron. Jesús se las recordó muchas veces, pero no le creyeron. No se estaban dando cuenta de que estaban matando al Hijo de Dios. A su Mesías prometido.

Por eso Jesús puede pedir perdón por ellos. Jesús pudo separar la ofensa de la persona. El pecado era real. Jesús no lo estaba pasando por alto. Pero Jesús no necesitaba condenarlos por su pecado. Ya ellos estaban condenados.

Cuando Jesús pide perdón, no pide al Padre que ignore lo que han hecho. Pide que los perdone, a pesar de lo que han hecho.

Este efecto perdonador ha sido tan eficiente que ha llegado hasta nosotros. Sin el perdón de Dios, hubiésemos sido condenados. Estábamos perdidos en nuestros delitos y pecados. Fueron reales. Los cometimos. Pero Jesús pidió perdón. Jesús pidió perdón por todos aquellos por quienes estaba dando su vida. Murió por ellos. Murió por nosotros.

4. El perdón es un mensaje.

Jesús va mucho más allá con esta petición. Ciertamente ellos no sabían lo que estaban haciendo. Pero Jesús sí sabía lo que estaba haciendo. Por su parte, El Padre también sabía ambas cosas. El Padre conocía la ignorancia del pueblo, y también conocía el propósito de Jesús. Era parte de un plan perfecto. De hecho, ese era también Su plan. Entonces, si El Padre conocía ambas cosas, ¿cuál fue, entonces, el propósito de Jesús en hacerle esta petición al Padre?

Jesús pidió perdón al Padre. Por tanto, el propósito de Jesús tenía que ver con el perdón que estaba pidiendo. Entonces Jesús, cuando pide perdón al Padre, quiere dar a conocer este propósito de perdón, pero no precisamente al Padre.

¡El Padre ya lo sabía! Eso quiere decir, que si se trata de dar a conocer el propósito del perdón, entonces la intención de Jesús no era que El Padre se enterara. **El propósito era que nos enteráramos nosotros.**

El anuncio no era, ni es para El Padre. El anuncio es para nosotros. El perdón de Jesús tenía un propósito, pero a la vez el perdón de Jesús "fue" el propósito. Tenía el propósito de dejarnos saber que su muerte nos daría vida. Pero, que a la vez, por medio del perdón, alcanzamos la vida.

El perdón es el propósito, pero a la vez, el perdón es el mensaje.

5. El perdón no es efectivo si no se acepta.

Por fin hemos entrado en la materia que nos faltaba, cuando hablamos de la obra de Jesucristo con el hombre. Dios siempre ha estado dispuesto a bendecir, a perdonar y a restaurar. Pero todo lo que Dios ofrece siempre ha estado sujeto al cumplimiento de unos requisitos.

Dios es Dios de pactos, por tanto, sus bendiciones, la salvación y todas sus promesas están sujetas a que nosotros cumplamos con nuestra parte del pacto. Dios es fiel. Él no fallará a su Palabra.

Esto trae una nueva definición a este perdón que Jesús pide al Padre. Con este perdón, Jesús nos abre la puerta del cielo. Es por ese perdón alcanzado por Cristo en la cruz que tenemos entrada al Padre. Sin embargo, esto no se produce de manera compulsoria.

1 Juan 1:9 nos dice:

"Si confesamos nuestros pecados, él es fiel y justo para perdonar nuestros pecados, y limpiarnos de toda maldad". (RVR60).

He ahí el requisito. Si nosotros confesamos nuestros pecados, y pedimos perdón por ellos, Dios nos perdona y nos limpia. Pero, como dice el texto, se trata de un acto de fidelidad y justicia. Un acto de fidelidad y justicia por partida doble.

En primer lugar, es un acto de fidelidad y justicia para con Jesús. Nosotros no merecíamos ese perdón de nuestros pecados. Pero Jesús lo pidió por nosotros. Él lo pagó por nosotros. Por tanto, El Padre es fiel, y en justicia a este sacrificio de Su Hijo, hace honor a Jesús concediendo Su perdón.

No obstante, también es un acto de fidelidad y justicia para todos aquellos que, en honor al sacrificio de Cristo en la cruz, lo reconocen como Salvador, Dios y Señor pidiéndole perdón por los pecados cometidos.

Jesús salva, pero salva a todos aquellos que quieran salvarse.

Cuenta la historia que, en el año 1830, existió un hombre llamado George Wilson. Este hombre fue condenado a muerte por varios delitos. Sus familiares hicieron todo lo posible por salvarle la vida. Solicitaron al gobernador del estado una audiencia. Finalmente lograron que el gobernador le concediera a este hombre el perdón, pero cuando fueron a darle la buena noticia, George Wilson lo rechazó.

Nunca se supo por qué este hombre no aceptó ser perdonado por sus crímenes. Tal vez fue su conciencia. Tal vez se sintió indigno. La Corte estatal no sabía qué hacer. George era un hombre libre, pero él nunca aceptó esta libertad.

El caso llegó a la Corte Suprema en Washington. Cuando finalmente el caso fue cerrado, el tribunal emitió la siguiente determinación:

"El perdón no es efectivo si no se acepta".

George Wilson murió, aún cuando su perdón ya había sido concedido.

Eso explica la triste realidad de que, aún cuando Jesús murió para salvarnos a todos, no todos son salvos.

Muchos, incluso hoy, están muriendo sin confesar sus pecados a Cristo. Muchos hoy no están siendo salvos por Jesús.

Jesús pidió perdón por nosotros. Hoy, Jesús sigue pidiendo perdón al Padre por nuestros pecados. ¿Qué haremos?

No tenemos excusa. El propósito del perdón de la cruz ya ha sido declarado. El perdón es el mensaje. El perdón sigue teniendo propósito. El perdón sigue siendo el propósito.

La escena está de frente. Es por ti que hoy Jesús pide perdón. El Padre lo ha concedido. Hoy puedes ser libre.

¿Lo aceptarás?

CONTRASTE Y REACCION
(Palabra #2)

Lectura: Lucas 23:39-43

Voy a insistir en una verdad que he establecido en otras ocasiones cuando hablo de Jesús. Como siempre he dicho, Jesús fue un Gran Maestro, porque dejaba una enseñanza práctica para nuestra vida en toda ocasión, con todo lo que decía y con todo lo que hacía. Y, ciertamente, los eventos de la crucifixión no son la excepción.

El pasaje que nos ocupa en esta ocasión es el pasaje que da comienzo a lo que podemos llamar "El Teatro del Calvario". Ciertamente ya Jesús había expresado una palabra de perdón por todos aquellos que lo habían injuriado, golpeado y humillado hasta ese momento. Pero es a partir de este momento que comienzan a considerarse las otras estampas o escenas independientes fuera de la escena principal o el personaje principal.

- Por primera vez la narración de este evento desviaba su mirada hacia el resto de los actores en escena.
- Ahora comienzan a escucharse las otras voces del elenco.
- Ahora el drama no se enfoca en la acción, sino en la reacción.

Ya Jesús estaba crucificado, los soldados habían repartido los vestidos de Jesús y habían echado suertes sobre el manto de una sola pieza. El pueblo y los gobernantes se burlaban de Jesús y hasta habían colocado burlona y sarcásticamente un título en la cruz escrito en griego, latín y hebreo que decía: "ESTE ES EL REY DE LOS JUDIOS".

La puesta en escena estaba completa y el telón había sido levantado. Ya el Director de la obra ha gritado "Acción", y es, entonces, cuando comienza la reacción.

Lucas 23:39 dirige nuestra atención hacia los ladrones que estaban crucificados al lado de Jesús. Uno de ellos comenzó a injuriarle. Pero no fue cualquier injuria. Según podemos interpretar del texto, la injuria de este malhechor vino a través de una petición. ¡Qué contraste, ¿no le parece?!

- ¿Cómo deberíamos entender esto?
- ¿Cómo es posible que una petición de libertad sea una ofensa a Dios? (Bueno, recuerde que con todo lo que Jesús hacía y decía nos enseñaba algo).
- ¿Qué, pues, podemos aprender de este contraste?
- ¿Qué tiene este pasaje que a simple vista no podemos notar?

Consideremos algunas verdades centrales.

1. La cruz es un contraste.

Si yo le preguntara a usted si tiene fe en Dios, ¿qué me contestaría? Estoy seguro que me dirá que sí. Ahora bien, si les preguntara lo mismo a sus vecinos, ¿qué cree usted que contestarán? Pienso que, por lo menos, un 99% contestaría que tiene fe en Dios.

Y, ¿qué me dice de aquellos que en Viernes Santo se van a las playas, a los centros vacacionales o simplemente permanecen en sus hogares organizando fiestas familiares con bebidas alcohólicas? Seguramente me dirán que tienen fe en Dios. También pregunto, ¿cuántos de los que salen a cometer crímenes y fechorías se persignan y se encomiendan a Dios? ¿Me creería si le dijera que ellos también creen en Dios y tienen fe? ¿No le parece todo esto demasiado ilógico?

¿De qué estoy hablando? Estoy hablando, precisamente, de un contraste. ¿Cómo la mayoría del mundo puede decir que tiene fe en Dios sin buscarle? ¿Cómo pueden decir que entienden que Cristo murió por todos y no aceptarle?

Pues bien, prepárese para una sorpresa. Aunque usted no lo crea, el verdadero contraste realmente no está en que la gente dice una cosa y hace otra.

La verdad es que el contraste real no está en ellos. El contraste real está en la cruz.

¿Por qué? Porque quien dice que cree en Dios y no lo busca no está realmente expresando un contraste. Quien dice que cree en Dios y no lo busca lo que realmente está haciendo es diciendo una mentira. Por otro lado, quien dice entender que Cristo vino a morir por el pecado de todos nosotros y no lo acepta realmente no lo entiende. No es cierto que lo cree. Es también un mentiroso.

La Biblia es clara en este aspecto. En Juan 14:15, Jesús expresa claramente lo siguiente:

"Si me amáis, guardad mis mandamientos". (RVR60).

Para amar a Dios, o al menos para decir que lo amamos, lo mínimo que debemos hacer es guardar sus mandamientos. Por lo mismo, si no guardamos sus mandamientos, entonces no podemos decir que le amamos. Entonces, decir que le amamos sin guardar sus mandamientos no es un contraste: Es una mentira.

Entonces, esto nos lleva a una sola y posible conclusión lógica. Lo que realmente establece el contraste no es lo que la gente dice o hace, sino lo que la gente dice o hace cuando es confrontado por la cruz.

Al igual que en la escena del Calvario, hoy la cruz representa ese punto de decisión para la humanidad. La cruz de Cristo lo que ha hecho realmente es establecer un contraste. El contraste entre:

- Los que han creído al Cristo de la cruz y los que realmente no han creído.
- Los que sienten remordimiento pero no se arrepienten y los que se arrepienten sin remordimientos.
- El camino ancho que lleva a la perdición y el camino angosto que lleva a la salvación.
- La conveniencia de una petición equivocada para salvar el pellejo y la excelencia de una petición acertada para salvar el alma.

Note algo muy interesante. El ladrón que injuriaba a Jesús sabía lo que el Cristo prometido representaba para el pueblo. De otra forma, no hubiera dado a entender que el Cristo prometido sería poderoso para salvar. Por lo mismo, tampoco se lo hubiera pedido. ¿Para qué pedírselo, si no creyese que el Cristo prometido lo podía hacer?

Las personas en el mundo dicen creer en Dios, pero viven, actúan y hasta le injurian como si Él no existiera. Pero la cruz los confronta. La cruz los divide. La cruz los delata. Esto no debe extrañarnos. Esa es, precisamente, nuestra próxima enseñanza.

2. Jesús es causa de división.

Es muy interesante considerar lo que el mismo Cristo dijo en Mateo 10:34.

"No penséis que he venido para traer paz a la tierra; no he venido a traer paz, sino espada". (RVR60).

En Lucas 12:51 encontramos un pasaje paralelo:

"¿Pensáis que he venido para dar paz en la tierra? Os digo: No, sino disensión". (RVR60).

Le pregunto, ¿no le parece extraño que el mismo Jesús que dijo que Él daba la paz como nadie, ahora diga que Él no vino a traer paz? Aquí hay otro contraste, ¿no cree usted?

Aclaremos esto. Jesús no vino a traer la paz. Él vino a ofrecerla. Él no vino a simplemente traer la paz como un encargo o una obligación. Él vino a darla como un regalo.

Realmente Cristo vino al mundo como un regalo del Padre. Pero, como todo regalo, es necesario que lo aceptemos para recibirlo. Si usted no lo acepta, Dios no lo obligará a recibirlo. Si usted no lo quiere, Dios no se lo dará.

El plan de salvación es para toda la humanidad. Si toda la humanidad quisiera aceptar el plan de salvación, le aseguro que toda la humanidad sería salva. A eso vino Cristo. A morir por todos. Pero, como todo plan, funciona para todo aquel que lo acepta. Por lo mismo, el plan de salvación, así como cualquier plan que usted conozca, no aplicará a usted si primero no lo acepta y lo recibe.

Es ahí donde Cristo entra como causa de división. Dijimos que la cruz representa un contraste. La cruz marca el punto de división para la humanidad. Pero, ciertamente la cruz no podría ser ese contraste que confronta a la humanidad si Cristo no hubiera ido a ella.

La cruz es el contraste porque Cristo es la causa. La cruz confronta, pero sólo Cristo establece la diferencia. Cristo es, realmente, la verdadera causa de la división entre los dos bandos en los que está dividida la humanidad. La cruz es, entonces, la llave que hace funcionar el plan de Dios.

¿Cómo, entonces, accionamos la llave? ¿Cómo la cruz me sirve para poner en marcha el plan de Dios para salvación?

Esa es nuestra próxima enseñanza. Pero esta enseñanza es, precisamente, otra reacción.

3. La reacción al contraste.

Esta escena, como mencionamos al principio, es una escena de reacción. El pueblo se burlaba de Jesús y lo escarnecía. A esto se añade la injuria de un ladrón que pretendía que Jesús hiciera un milagro para que lo librara de su situación.

Sin embargo, todavía hay otra reacción. Aquí también tenemos la reacción de alguien que finalmente abrió los ojos a la realidad de lo que estaba viviendo. Otro ladrón a quien, al igual que el primer ladrón, ya no le quedaban esperanzas. Estaba en el mismo suplicio en el que se encontraban los otros dos que estaban a su lado.

Sin embargo, este ladrón hizo algo diferente. Teniendo la misma oportunidad de buscar y pedir un escape, teniendo la misma oportunidad de injuriar y maldecir su mala suerte, prefirió romper el esquema.

Este ladrón decidió tomar la ruta alterna que le ofrecía la cruz de Cristo. Este ladrón prefirió cambiar de bando. Ahora bien, este ladrón no quería dejar este cambio en una simple preferencia. No quería simplemente decir que creía. Quería demostrar realmente que creía. Este ladrón decidió hacer realidad su cambio. Es entonces que, para hacer realidad su cambio, este hombre hizo varias cosas.

En primer lugar, este hombre escuchó la voz de la cruz. Seguramente este hombre escuchó a Jesús pidiendo perdón por sus agresores. ¡Ese era un contraste! ¿Cómo es posible que Jesús hiciera algo como esto en una ocasión como ésta? ¡Es absurdo! ¡Es ilógico! ¡Eso no es posible!

No obstante, estas palabras de contraste provocaron en este hombre una reacción. Este ladrón pudo identificar y comprender que este Jesús Nazareno en la cruz no era cualquier hombre. Esta reacción de este ladrón a su vez fue otro contraste, porque en lugar de ver a su lado a un Jesús sucio, ensangrentado y moribundo, pudo ver en Jesús un claro espejo. Este espejo le permitió mirarse y compararse con el Cristo que moría a su lado. Pudo darse cuenta de quién era él y quién era Jesús.

Es entonces que reacciona con una declaración. En la declaración de Lucas 23:41, este hombre reconoció y aceptó su condición pecaminosa. Este hombre entendió y aceptó por qué estaba siendo crucificado. Pero más que nada, este hombre pudo entender la justicia de Dios en medio de la injusticia del hombre.

Lo justo era que él fuera crucificado. Él merecía su castigo. Pero no era justo lo que estaban haciendo con Jesús.

Cristo no merecía este castigo. Este es, sin duda, otro contraste. Un contraste que provocaría otra reacción.

Si Jesús no era merecedor de este castigo, si Jesús podía perdonar en una situación como esta, entonces Jesús no era un hombre cualquiera. Entonces este hombre se hace una pregunta que merecía a su vez una respuesta. Una pregunta provocada por un contraste. ¿Quién es este Jesús?

De momento mira y se fija en otro contraste. Los soldados habían puesto un título en la cruz que identificaba a este Jesús. Jesús era un rey. Ese no es, sin embargo, el contraste que notó el ladrón. El contraste es que, aún cuando los soldados pusieron este título a Jesús como una broma para burlarse, este ladrón lo tomó en serio. El ladrón creyó, en efecto, al mensaje que estaba recibiendo. El ladrón estaba creyendo en el verdadero mensaje de la cruz: JESUS ES REY.

Esa era la respuesta que buscaba. A él no le importó ver a un Cristo moribundo y clavado en una cruz. Él vio más allá. Este ladrón vio lo mismo que vieron los magos de oriente al ver a un niño común y corriente. Los magos vieron un rey, y por eso lo reconocieron y lo adoraron como un rey. El ladrón, al igual que los magos, vio en Jesús a un rey.

Y con esa mirada de fe, viendo y creyendo lo invisible y lo increíble, hace una petición al rey. Sin embargo, no hace una petición para escaparse por un momento, sino para salvarse eternamente.

Este ladrón seguramente no conocía en realidad cuál era el reino de este Cristo. Pero para él bastaba con que el reino de Cristo fuera como el Cristo de este reino. Este reino debía ser un reino maravilloso, porque,

- Este reino era uno donde, en lugar de odio, había perdón.
- Era un reino donde, en lugar de injusticia, había justicia.
- Era un reino donde, en lugar de gritos y burlas, había paz.

Este hombre quiso entrar a ese reino. Él quiso sentir y vivir lo mismo que este Jesús que estaba a su lado. Entonces, lo pidió. Lo reconoció. Lo aceptó. Este hombre hizo lo mejor que pudo hacer en su vida.

- Este hombre cambió de dirección.
- Este hombre cambió de domicilio.
- Este hombre cambió de bando.

Entonces, el ladrón le pide a Jesús en Lucas 23:42 que se acuerde de él cuando venga en Su reino.

Este hombre nos presenta otro contraste. Este hombre hizo lo mejor de toda su vida justamente al final de su vida.

Yo creo que a estas alturas hemos podido notar y apreciar que los contrastes en esta historia habían estado provocando reacciones diversas y que estas reacciones a su vez estaban provocando nuevos contrastes.

En este contraste del ladrón que hemos mencionado, finalmente llegamos a ver una interesante e importante reacción. Era la reacción que nos faltaba en esta escena. Se trataba de la reacción del protagonista del Calvario. Finalmente Jesús abriría su boca nuevamente. El ladrón había revelado un contraste. Ahora, este contraste revelaría la reacción de Jesús.

Jesús le dice a este hombre unas palabras poderosas, significativas y eternas. Jesús le asegura a este ladrón que desde ese mismo día estarían los dos juntos en el Paraíso. Jesús hizo con este hombre la justicia que nadie pensó que merecía. Y ciertamente no la merecía. Su castigo era justo, pero aún así, Jesús lo hizo. Ese es, sin duda, otro contraste.

No obstante, fue la reacción correcta de este hombre lo que desencadenó a su vez una serie de contrastes.

Jesús no sólo le permitió a este ladrón "robarse" el cielo a última hora, sino que esta reacción produjo unas interesantes enseñanzas. Lo interesante es que esas enseñanzas también son contrastes:

- Se puede creer en Jesús sin pruebas milagrosas. Este ladrón lo hizo. Creyó con sólo escucharlo.
- Mientras un discípulo (Judas) se perdía, un ladrón se salvaba.
- Mientras un inocente estaba muriendo, un culpable estaba viviendo.
- Mientras un justo recibía injusticia, un injusto recibía justicia.
- Mientras uno era dejado molido por nuestros pecados en la cruz, el otro estaba dejando molidos sus pecados en la cruz.
- El ladrón que horas antes iba rumbo a la muerte, ahora va rumbo a la vida.
- La muerte de uno estaba dando vida a muchos.
- Nunca es tarde para cambiar de bando.

La cruz divide la humanidad en dos bandos, pero la cruz también indica el destino de la humanidad.

La gente espera un juicio final. Sin embargo, otro contraste de esta escena es que la cruz representa ese juicio final que ya ocurrió.

En Juan 3:18 encontramos esa sentencia final dictada por adelantado:

"El que en él cree, no es condenado; pero el que no cree, ya ha sido condenado, porque no ha creído en el nombre del unigénito Hijo de Dios". (RVR60).

Note bien que está hablando en tiempo presente. *El que cree* **ahora**, y *el que no ha creído* **aún**. Según el texto, la sentencia no espera a un futuro. En el futuro se ejecutará la sentencia. Sin embargo, el dictamen de la misma está ocurriendo ahora. Se está llevando a cabo en la cruz. Como todo buen mapa, la cruz marca el lugar. La cruz marca el punto de decisión. La cruz indica los únicos dos caminos posibles para la eternidad: El cielo o el infierno. La vida o la muerte.

Un último contraste. La muerte, aunque usted no lo crea, no es el fin. La muerte no es el fin ni para los creyentes ni para los incrédulos. Pero la misericordia de Dios es tan grande que permite que la cruz llegue primero a nuestra vida antes que la muerte, para que podamos escoger a tiempo el camino que queremos tomar.

- La cruz es una curva.
- Es un cambio de dirección.
- La vida eterna es para todos.
- Lo que es diferente es el destino final.

Cuando Jesús le dijo al ladrón de la cruz que desde ese día estaría con Él en el Paraíso, estaba estableciendo la indudable verdad de que hay vida después de esta vida.

Jesús no pensaba en la muerte como el fin, sino como el comienzo. Pensaba en la muerte como un mensajero. Como un vehículo de trasbordo desde esta vida efímera y limitada hacia una vida eterna.

La pregunta es: ¿Dónde quieres pasar esa vida eterna? Te recuerdo que la contestación no es difícil. La contestación ya existe. La contestación está en la cruz.

La cruz te ubicará hoy en uno de los dos bandos: los que van al Paraíso y los que se quedan en el pueblo escarneciendo y burlándose de Jesús. No hay opción. Aceptar la cruz es entrar en el camino que conduce al Paraíso. Pero no aceptar la cruz es unirse a los gritos y burlas del pueblo.

Y tú, ¿qué harás? ¿Cómo reaccionarás? ¿Te quedas en el pueblo o vienes con Cristo al Paraíso?

Ahí tienes el contraste. La reacción es tuya. Ahí tienes la cruz. La decisión es tuya…

82

A LOS PIES DE LA CRUZ
(Palabra #3)

Lectura: Juan 19:25-27

Hay una ilustración acerca de Jesús que a mí siempre me ha parecido un tanto extraña. Diría que hasta un tanto inexplicable. Tanto así que la escuché cuando apenas era un niño y todavía me inquieta de manera especial.

La ilustración presenta a 3 personas que atravesaban por diversas circunstancias. En ese momento, se apareció Jesús y se acercó al primero de ellos. Cuenta la ilustración que Jesús se detuvo, lo abrazó, lo acarició y lo consoló de manera muy atenta y amorosa.

Luego Jesús se acercó al segundo de ellos y le saludó con un apretón de manos, pero nada más. Lo particular de la ilustración se concentra en el tercer personaje. A éste Jesús ni tan siquiera lo saludó. Le pasó por el lado sin ni siquiera mirarle ni saludarle.

Esta tercera persona se apartó del lugar y se encerró en su cuarto a orar y a reclamarle en oración a Jesús la razón por la que lo ignoró, siendo que él también atravesaba por una situación muy difícil.

Al rato, Jesús se le apareció, y con voz tierna le dijo:

- Sucede, hijo mío, que la primera persona, aunque atravesaba por una situación tan difícil como la tuya, era una persona que no conocía de mí. Era necesario que me acercara a ella de una manera muy especial. La otra persona, aunque también tenía sus problemas, es una persona que conoce de mí pero se encuentra apartado en su relación conmigo. A éste solamente le bastaba con que le recordara que yo aún le amo y permanezco esperando su regreso.
- ¿Y yo, Señor? ¿Qué hay de mí?, le preguntó esta tercera persona.
- Hijo mío, tú siempre has estado conmigo. Tú y yo mantenemos una relación estrecha. Por eso, no te saludé. No era necesario. Tú andas conmigo. Solamente sígueme. No se turbe tu corazón ni sientas miedo. Yo estoy contigo.

Ésta parece ser una de esas ilustraciones que nos llenan de esperanza, pues nos hace pensar que mantener una buena relación con Dios es garantía de seguridad en los momentos difíciles de la vida. Sin embargo, aun cuando es una realidad innegable que siempre es mejor "pasar por el valle de sombras y de muerte", y experimentar nuestro "Getsemaní" de la mano del Señor, lo cierto es que los momentos difíciles de la vida siempre tendrán la capacidad de tratar de debilitar nuestra confianza en Dios.

El tiempo de tribulación siempre tiene la capacidad de poner a prueba nuestra fe. Ésta también es una realidad innegable, aun para aquellos que se consideran estar cerca de Jesús. Para aquellos que procuramos caminar a su lado.

Jesús así también lo declara. En Juan 16:33 Cristo nos recuerda que "en el mundo tendréis aflicción". Desde luego, sus palabras y su presencia nos hacen sentir confiados cuando añade:

"... pero confiad, yo he vencido al mundo". (RVR60).

El caso de María me parece un caso parecido. María fue una sencilla, pero virtuosa mujer, escogida por Dios para llevar en su vientre al Salvador del mundo. La Biblia la reconoce como la mujer "bendita entre todas las mujeres". (Lucas 1:28, 42). Sin duda, María fue una mujer que caminó cerca de Dios. Literalmente. Caminó con Dios, literalmente, pues lo llevó 9 meses en su vientre. No hubo en ese momento de la historia una persona sobre la faz de la Tierra que estuviera más cerca de Dios que María.

Sin embargo, siendo María quien fue, no estuvo ajena de vivir uno de los momentos más dolorosos que pueda vivir un ser humano, sobre todo una madre: Ver morir a un hijo.

Y es, precisamente, en ese momento de terrible aflicción, en el que la misericordia de Dios se manifiesta en su vida de una manera extraordinaria. De una manera apremiante. De una manera urgente. De una manera necesaria.

Las palabras de Jesús a su madre desde la cruz nos demuestran que la ilustración inicial que les presenté no parece coincidir con el carácter atento, servicial y protector del Maestro. Dios siempre está dispuesto a escucharnos, a asistirnos y a hablarnos, aun cuando estemos lejos de Él, aun cuando estemos un poco más cerca de Él y aun cuando caminemos con Él. Dios es el Dios de todos, aunque muchos no lo reconozcan. Aunque solo algunos lo hayamos hecho nuestro.

En este momento tan trascendental para la humanidad, y de tanto dolor para María, lo propio era que Jesús compartiera con su madre unas palabras. ¡María lo necesitaba! Y Jesús estaba allí para atender su necesidad.

¿Cómo no hacerlo? Jesús fue ejemplo para nosotros en todas las áreas de la vida humana, y el aspecto social, relacional y familiar no podía ser la excepción. En esta ocasión, y aun a pesar de encontrarse crucificado, Jesús sigue siendo ejemplo de conducta para con todos.

Aun en la cruz, Jesús sigue siendo nuestro modelo de crecimiento y perfección *"en sabiduría, en estatura y en gracia para con Dios y con los hombres"*. (Lucas 2:52). (RVR60).

¿Cómo no hacerlo? Jesús tuvo palabras para todos estando en la cruz.

- Jesús pronunció una palabra de perdón para los que estaban lejos cuando dijo: "Padre, perdónalos, porque no saben lo que hacen".
- Jesús declaró una palabra de esperanza para aquel ladrón que se acercó en el último momento cuando le dijo: "Hoy estarás conmigo en el Paraíso".
- Ahora le tocaba emitir una palabra para aquellos que siempre han estado cerca. Ahora les tocaba a los fieles. Ahora le tocaba a María.

Pero eso no es todo. Esta palabra expresada por Jesús desde la cruz a su madre y a Juan, su primo y discípulo amado, nos presenta otras profundas y maravillosas enseñanzas de gran utilidad para nuestra vida cristiana.

¡Por eso le llamaban "Maestro"! Jesús no perdía una oportunidad, por mínima fuera, para dejarnos grandes e importantes lecciones para nuestra teolosis.

Con todo lo que Jesús hacía, y sobre todo con todo lo que Él decía, El Maestro dejaba enseñanzas, para que viviéramos tal y como Él vivió.

Siendo así, ¿qué debemos aprender del Maestro de Galilea cuando le dijo a María: "Mujer, he ahí a tu hijo", y cuando le dijo a Juan: "He ahí a tu madre"?

1. Jesús está atento a nuestras necesidades en todo tiempo.

Esta es una verdad que se sostiene ampliamente en las Escrituras. Tome, por ejemplo, lo que nos dice el Salmo 34:15, y que más tarde en las Escrituras el Apóstol Pedro afirma en 1 Pedro 3:12:

"Los ojos de Jehová están sobre los justos, y atentos sus oídos al clamor de ellos". (RVR60).

En el drama de la crucifixión encontramos a una mujer que atravesaba por el dolor más intenso, y que sufría la más dolorosa pérdida. Una pérdida insustituible como ninguna otra. Nada sustituye la pérdida de un hijo, por más hijos que se tengan.

Ciertamente nadie podía negar que María se encontraba en medio de una gran necesidad.

Pero, allí desde la cruz, a pesar de sufrir Él mismo un dolor intenso por los pecados de la humanidad, Jesús tuvo tiempo para atender la necesidad de los suyos. ¡Cuánto más ahora, que está vivo, y vive y reina para siempre!

Es por esta razón que la Biblia nos asegura en Hebreos 10:22 que podemos acercarnos a Dios *"en plena certidumbre de fe"*. Ahora es posible acercarnos a Dios confiadamente, porque como nos dice Hebreos 10:19, ahora tenemos *"libertad para entrar en el Lugar Santísimo por la sangre de Jesucristo"*. Siendo así, en ese momento, en ese drama de la cruz, María representa a todo aquel que necesita acercarse confiadamente y ser restaurado por Jesucristo.

Hablando de restauración, es precisamente en la restauración donde encontramos otra importante enseñanza de este pasaje.

2. Jesús restaura lo perdido.

He observado una particularidad especial en cuanto a lo que representa la restauración en Cristo. Por lo general, la restauración de las cosas en Cristo no necesariamente representa una devolución de las cosas perdidas. Dios generalmente no devuelve las cosas a un estado original, sino que restaura las mismas a un nivel superior con un propósito superior.

Según algunas leyes y prácticas antiguas, la restauración implicaba una sustitución de algo perdido por otra cosa de mejor calidad. En ese sentido, Jesús representa la restauración por excelencia. Solo Cristo podía ser un mejor sustituto ante el Padre como sacrificio vivo por nuestros pecados. Es por eso que, en vista de que ningún ser humano era apto para pagar por nuestras culpas, Cristo se hizo carne. Cristo se hizo nuestro sustituto. Cristo se hizo nuestra restauración.

Note usted, entonces, que Jesucristo no representa la devolución del hombre a un estado original sin pecado, sino que Jesucristo representa la restauración del hombre a un estado de reconciliación con Dios venciendo al pecado.

- Jesús no vino a devolverle al hombre un Jardín del Edén libre de impurezas, sino que vino a restaurar la relación de Dios con el hombre, a pesar de que no vivamos en un paraíso.
- Jesús vino para hacer posible que en un mundo donde abunda el pecado sobreabunde la gracia de Dios.

Por tanto, no se trata de regresar a un estado original, sino de que en Dios podamos escalar un nivel superior. Un nivel que va por encima de las circunstancias, de las amarguras y de las situaciones difíciles de la vida.

Para María ya no sería posible que le devolvieran a su hijo. Jesús vino con el propósito de morir por la humanidad. Lo que María necesitaba entonces era una restauración. Algo que la hiciera ir por encima de su dolor. María no necesitaba quedar enajenada de la realidad dolorosa que vivía. Lo que María necesitaba era experimentar el consuelo y la restauración de Dios a pesar de su realidad dolorosa.

De alguna manera, Jesús deja de ser el hijo que María perdía, pero se convertía en el Dios amoroso que supliría su necesidad. Es en este aspecto en el que María estaba siendo restaurada.

- María estaba dejando de ser el vehículo mediante el cual llegó el Salvador del mundo, para convertirse en una auténtica sierva de Dios que recibía restauración en medio de su necesidad.
- Mediante este acto, María experimentaba directa y personalmente la salvación de Jesús.
- María estaba perdiendo un hijo, pero estaba recibiendo y ganando un Salvador.

No obstante, había todavía una necesidad humana que debía ser atendida. Es precisamente hacia esa dirección que apunta nuestra siguiente enseñanza.

3. Jesús promete que estaremos en las mejores manos.

Ciertamente las manos de Jesús son las manos más seguras en las que podemos depositarnos. Las manos de Jesús son también esas manos confiables en las que podemos depositar igualmente todas nuestras cargas.

Nosotros lo sabemos. ¡El pueblo también lo sabía! Todos ellos habían sido testigos de sus milagros. Muchos de ellos seguramente fueron tocados y sanados por esas mismas manos. Sin embargo, en ese momento lo olvidó, o peor aún, optaron por desecharlo. De todas maneras, según ellos, ese Jesús crucificado no podía ser el Mesías prometido. Ese no era el "Hosanna" que esperaban. ¡Qué inmenso peligro es olvidar o ignorar por conveniencia las manos de Jesús! *"¿Cómo escaparemos nosotros, si descuidamos una salvación tan grande?"*. (Hebreos 2:3).

¡Gloria a Dios por Jesucristo, y porque hoy nosotros también podemos dar testimonio del toque de las manos del Maestro!

No obstante, en aquella escena del Calvario nadie parecía recordar esa realidad. A nadie parecía importarle que esas manos santas ahora estuvieran siendo destrozadas por el martillo y los clavos.

A nadie, excepto a una persona. A nadie, excepto a quien las estaba perdiendo. A nadie, excepto a María.

- Era María quien estaba experimentando la pérdida.
- Era María quien ahora quedaba desprotegida de esas manos.
- Esa era su necesidad humana, y era esa la necesidad que en términos humanos y físicos debía ser cubierta.

Es por eso que Jesús designa a Juan como esas manos que ahora se encargarían de brindar la protección necesaria que su madre necesitaba.

Seguramente María ya no contaba con las manos fuertes y siempre firmes de su esposo José. Sus otros hijos no parecían ofrecer la seguridad necesaria ante este momento crucial. Es, entonces, que Jesús entrega en manos de su discípulo amado la responsabilidad de cuidar el tesoro carnal más importante que le quedaba. Ya su magnífico y ejemplar padrastro terrenal no estaba entre ellos. Sus hermanos no creían en Él. (Juan 7:5). Ni tan siquiera estaban al pie de la cruz. Solo quedaba María. Solo quedaba su madre.

Por tanto, María no pudo quedar en mejores manos. María quedaba al cuidado de las mejores manos humanas disponibles.

Ciertamente Dios siempre tiene un mejor plan para nuestras vidas.

Pero no solamente Dios tiene un mejor propósito para el afligido. Hay una gran enseñanza encerrada en esta entrega de María por parte de Jesús en las manos de su discípulo Juan. Una enseñanza que no tiene que ver únicamente con el afligido, como hemos dicho, sino que apunta directamente hacia aquellos a quienes se les encarga el afligido.

La enseñanza no solamente apunta hacia Juan, sino hacia todos aquellos que hemos decidido ser discípulos de Jesús.

Es ahí donde la próxima enseñanza se hace grande, porque la última enseñanza tiene que ver con nosotros como la iglesia de Cristo.

4. Jesús nos llama a ser sus representantes.

Note usted que Jesús le otorgó a Juan su propio lugar como hijo. Por tanto, como hijos del Padre, nos corresponde ahora la tarea de hacer lo que Cristo hizo mientras estuvo en la Tierra. Hoy el pasaje de Lucas 4:18-19 se convierte en La Descripción de Tareas para los Representantes y Embajadores del Reino de los Cielos.

- Hoy hemos sido ungidos para dar buenas nuevas a los pobres.
- Hoy hemos sido enviados a sanar a los quebrantados de corazón.
- Hoy somos nosotros quienes debemos pregonar libertad a los cautivos.
- Hoy somos nosotros quienes ponemos en libertad a los oprimidos y damos vista a los ciegos con el poder del Espíritu Santo.
- Hoy somos nosotros quienes, en definitiva, predicamos el evangelio, y el año agradable del Señor.

Hoy nosotros somos esas manos que consuelan y asisten al afligido y menesteroso. Hoy nosotros somos las manos de Jesús. Siendo Él la luz del mundo, hoy Él nos designa como la luz del mundo y como la sal de la tierra.

Ahora bien, cada una de estas enseñanzas propone unas interrogantes que no podemos pasar inadvertidas. Ante estas maravillosas enseñanzas que hoy nos propone Jesús por medio de esta palabra, "Mujer, he ahí a tu hijo; Hijo, he ahí a tu madre", ¿cuál es la invitación a nosotros?

La reflexión ante esta invitación propone a nuestras vidas igualmente las siguientes preguntas:

- ¿Queremos que Dios atienda nuestra necesidad?
- ¿Queremos que Dios restaure lo que hemos perdido, y que nos restaure a nosotros también?
- ¿Queremos confiar en el plan de Dios y descansar en las manos más seguras que Él nos ofrece?
- ¿Queremos ser representante de Dios y testigos de su evangelio y de su cruz?

La respuesta a cada una de estas preguntas se encuentra en algo que nosotros debemos hacer. Ese algo fue lo mismo que hicieron María y Juan. Ese algo representa el denominador común que determina nuestro discipulado: <u>Es menester, así como hicieron María y Juan, que hoy nosotros procuremos estar a los pies de la cruz.</u>

- Si María y Juan no hubieran estado a los pies de la cruz, nunca hubieran podido escuchar de Jesús las palabras que necesitaban para su restauración.
- Nunca hubieran podido experimentar el cuidado y atención de Jesús a sus necesidades.
- María no hubiera podido sentir que Cristo la depositaba en las mejores manos...
- Y Juan no hubiera podido convertirse en el representante directo de Jesús para el triste y afligido.

No obstante, nos parece que el asunto de estar a los pies de la cruz es un asunto que no se define con una acción esporádica y furtiva. No se trata únicamente de llegar a los pies de la cruz, sino que implica que debemos permanecer a los pies de Jesús de manera constante, lo que requiere a su vez que debemos esforzarnos por permanecer a los pies de la cruz.

Seguramente para María y para Juan no fue "un paseo en el parque" estar en el lugar en el que se encontraban en ese momento. La multitud estaba en una actitud hostil en contra de Jesús, y seguramente también lo estaría en contra de todo aquel que pretendiera manifestar simpatía hacia Él. ¡María y Juan se encontraban en una cancha local apoyando al equipo visitante!

Por tanto, estar y permanecer a los pies de la cruz requirió para María y para Juan un esfuerzo extraordinario y un valor sin igual.

Esto no es casualidad. El esfuerzo y el valor son las armas de guerra y la coraza de combate en las batallas que libramos para alcanzar el Reino de Dios. Recordemos que esfuerzo y valor fueron las instrucciones claves de Dios para Josué en la conquista de la Tierra Prometida.

María y Juan se encontraron en su camino con la agresividad de la gente, los empujones y hasta alguno que otro golpe por parte de los guardias del Imperio Romano. Pero todo esto no desalentó a María y a Juan. Ellos iban con Jesús con el propósito de estar a los pies de la cruz.

Allí llegaron. Allí permanecieron. A pesar de la multitud. A pesar de los guardias. A pesar del mundo. Ellos seguían a Jesús, y lo seguirían hasta las últimas consecuencias. Ellos estuvieron y permanecieron a los pies de la cruz con esfuerzo y valor.

Y nosotros,

- ¿Estamos igualmente dispuestos a todo por seguir a Jesús?
- ¿Seremos capaces de ir en contra de la corriente del mundo por permanecer a los pies de la cruz?
- ¿Estamos dispuestos a exponer hasta nuestros propios cuerpos como sacrificio vivo con tal de recibir y experimentar la restauración en Cristo?
- ¿Ofreceremos nuestro mayor esfuerzo, y tendremos el suficiente valor como para ser dignos representantes de Dios en la Tierra?
- ¿Seremos lo suficientemente fuertes como para ser las manos tiernas de Jesús?

Por último, el pasaje nos indica que Juan, desde el mismo momento en el que Jesús le designó como hijo, y le encargó a María para que la cuidase, recibió a María en su casa. Esto demuestra una respuesta inmediata y afirmativa al llamado y al mandato de Jesús para con los demás.

Hoy nosotros debemos responder de la misma manera.

- Hoy nosotros debemos estar dispuestos a obedecer a Cristo de inmediato.
- Hoy nosotros somos el auxilio urgente del pecador que se está perdiendo en este mismo instante.
- Hoy somos nosotros quienes debemos traer apresuradamente a los pies de la cruz a todo aquel que necesita ser restaurado.

Esta palabra de Jesús desde la cruz redondea todo el pensamiento integral del evangelio en su carácter relacional con el ser humano.

- Jesús les dice hoy a todos los cansados y trabajados que Él los hará descansar. (Mateo 11:28).
- Hoy Cristo le está diciendo al que sufre sin fe y sin esperanza que Él es quien perdona todas sus iniquidades y quien sana todas sus dolencias. (Salmo 103:3).

- Hoy Dios le dice al pecador, como le diría a una madre angustiada: "Mujer, no sufras más. No estás sola. He ahí tu hijo".

Pero, de igual manera, el acercamiento integral del evangelio nos compromete y nos emplaza a ser ese instrumento de Dios para la bendición de las familias y las naciones de la Tierra.

Hoy Jesús nos está diciendo a nosotros, sus hijos, su pueblo, que es necesario que ocupemos su lugar en la Tierra.

Hoy Jesús nos recuerda que somos sus representantes en el mundo.

Hoy Dios nos envía al afligido y triste que ha perdido toda esperanza de restauración, diciéndonos: "Hijo, hay una vida sumergida en tristeza y dolor que te necesita. Hay alguien que necesita que tus manos sean las mías".

Hoy Jesús nos dice: "Hijo, he ahí a tu madre...".

CUANDO DIOS NO ME ESCUCHA
(Palabra #4)

Lectura: Mateo 27:45-46, Marcos 15:33-34, Lucas 23:44

Este pasaje de Mateo 27:45-46, y de los demás pasajes paralelos, es en todos los sentidos, uno de los pasajes más oscuros de las Escrituras. En el sentido literal, el pasaje nos indica la extraña ocurrencia de un evento de oscuridad en el cielo que duró por espacio de casi tres horas. No queda claro si esa oscuridad se debió a que unas nubes oscuras taparon el resplandor del Sol, o si se trató, como comentan algunos teólogos, de un eclipse solar. (Por mi parte, concuerdo con esta última observación, por algunos datos científicos que les comparto en este escrito).

Sería necesario destacar este posible eclipse como un milagro sin igual. Recordemos, en primer lugar, que la crucifixión de Jesús ocurre en el tiempo de la Pascua, e históricamente en la Pascua, la Luna está en su fase de Luna Llena. Astronómicamente, un eclipse solar es total y absolutamente imposible en Luna Llena, porque se trata de la fase en la que la cara visible de la luna queda de frente al Sol. Se supone que en esta fase, la luna refleje la luz del Sol en su mayor intensidad, no que la oculte totalmente.

De acuerdo a la ciencia, un eclipse solar solamente puede ocurrir cuando la Luna está en su fase nueva, porque en esta fase la Luna queda entre la Tierra y el Sol, bloqueando la luz solar en proyección al planeta, y es cuando la cara visible de la luna queda oculta al Sol.

Por otro lado, un eclipse solar tiene una perspectiva visual muy distinta, dependiendo de la parte del mundo donde se observe. Un eclipse solar no es visto de la misma forma en todas partes del mundo. Incluso, durante un eclipse solar hay muchas partes del mundo en las que no se puede observar, en primer lugar porque en la mitad de la Tierra está de noche, y en segundo lugar porque hay ángulos de la esfera del planeta que no permiten que en esos puntos o lugares en específico se perciba visualmente el eclipse.

Sin embargo, los pasajes de los evangelios que narran este evento de tinieblas, Mateo 27:45, Marcos 15:33 y Lucas 23:44 concuerdan en que la oscuridad se presentó "en toda la tierra". ¡Incluso en aquellos lugares en donde era de noche! La inspiración del Espíritu Santo en la redacción de los evangelios cobra una importancia extraordinaria en este caso, pues desde esa perspectiva, la narración de este evento nos presenta el acontecimiento de un milagro poderoso de parte de Dios.

Esto implica que aun en los lugares donde era de noche no había, tan siquiera, luz de Luna. Oscuridad es oscuridad. Sin Sol y sin Luna.

Otro dato interesante es el hecho de que esta oscuridad duró aproximadamente tres horas, lo cual es totalmente inusual para este tipo de fenómeno. Según datos de la Administración Nacional de Aeronáutica y el Espacio (N.A.S.A. por sus siglas en inglés), el eclipse solar de mayor duración en la historia se observó al noroeste de la ciudad de Ruiz, en el estado mejicano de Nayarit, el 11 de julio de 1991, con una duración de 6 minutos y 53 segundos.

(Se espera que el eclipse solar de mayor duración en la historia ocurra el 16 de julio de 2186, con una duración no mayor de los 7 minutos y 29 segundos al este noreste de Cayenne, la capital de Guyana Francesa).

Como si fuera poco, la ciencia identifica unos fenómenos de movimiento interesantes durante la ocurrencia de un eclipse solar. Uno de esos fenómenos es El Efecto *Coriolis*, el cual establece que durante un evento de eclipse solar la Tierra parece experimentar una aceleración relativa a su movimiento de rotación. Esto explica el breve descenso en las temperaturas y el incremento de los vientos mientras ocurre el eclipse.

Debo indicar que la ciencia admite no tener explicación lógica para este fenómeno. Sin embargo, eso pudiera explicar perfectamente la causa milagrosa por la que el velo del templo se rasgó en dos. El estruendo "como de un viento recio", muy parecido a aquel que se registró en Jerusalén el Día de Pentecostés, (Hechos 2), pudo ser el causante del desgarre del velo del templo. ¡Bendito sea Nuestro Dios!

También la ciencia identifica otro fenómeno llamado Efecto *Allais*, el cual es descrito como un movimiento anormal en el plano de oscilación del péndulo de la Tierra durante un eclipse solar. Este movimiento puede pasar desapercibido por el ser humano, pues depende de la inercia de los cuerpos en movimiento en el planeta y por la fuerza de gravedad.

La explicación de este fenómeno la podemos ilustrar con una fruta atada por un hilo a un eje que la atraviesa perpendicularmente de arriba a bajo. Mientras usted se mantiene dándole vueltas a esa fruta, puede provocar un movimiento anormal a ese hilo, pero sin alterar el movimiento de la fruta. Este es un movimiento real, pero que por la misma fuerza de gravedad y de rotación de la Tierra, no se percibe por los humanos, al menos en la magnitud que realmente ocurre.

La ciencia tampoco ofrece una explicación concluyente acerca de este fenómeno. No obstante, esto pudiera explicar el terremoto, las rocas partidas y los sepulcros abiertos que narra Mateo 20:51-52. Tremendo milagro, y más que un milagro, tremendo poder, ¿no le parece?

Entonces, ¿qué fue lo que realmente ocurrió? ¿Por qué fue necesario que este evento de tinieblas tuviera una duración inusual y hasta exagerada de tres horas? La única explicación que pudiéramos ofrecer para explicar este acontecimiento tan inusual de las tinieblas sobre la tierra por espacio de tres horas tiene que ver necesariamente con el propósito del sacrificio de Cristo.

Según la Ley de Dios dada a Moisés, el tiempo de la expiación de los pecados del pueblo debía ser un tiempo separado, sin oficios, y transcurriría *"entre las dos tardes"*. (Éxodo 12:6).

Las dos tardes del día judío correspondían a la hora sexta (12 del mediodía) y la hora novena (3 de la tarde). En esas tres horas, el sumo sacerdote entraba al Santuario para ofrecer expiación por el pecado del pueblo. Entonces, hace sentido que las tinieblas reinaran sobre la tierra durante tres horas, y que fuera precisamente entre la hora sexta y la hora novena.

En esas tres horas Jesús entraba, como Sumo Sacerdote, a ofrecer la expiación del pecado del mundo. (Hebreos 6:17-20).

Por otro lado, recordemos que el nacimiento de Jesús fue anunciado a los pastores en medio de un resplandor en la noche. (Lucas 2:8-9). También los Magos de Oriente alegaron haber visto la estrella que anunciaba el nacimiento del Rey de los Judíos. (Mateo 2:2). Jesucristo, la luz del mundo, (Juan 8:12), irrumpió en la oscuridad de las tinieblas del mundo perdido con una estrella resplandeciente.

Ahora, era necesario que sucediera lo contrario. Ahora las tinieblas cubrirían la luz para anunciar su muerte. La luz del mundo, Jesucristo, había penetrado las tinieblas para alcanzar y *"salvar lo que se había perdido"*. (Mateo 18:11). Ahora, una vez más, era necesario que la luz del mundo penetrara en las tinieblas para que, tomándonos y arrancándonos de entre ellas, pudiera reconciliarnos con el Padre.

El Apóstol Pedro lo expresa de una manera gráfica y hermosa, cuando en 1 Pedro 2:9 nos dice: *"Mas vosotros sois linaje escogido, real sacerdocio, nación santa, pueblo adquirido por Dios, para que anunciéis las virtudes de aquel que os llamó de las tinieblas a su luz admirable"*.

En este pasaje de Mateo 27:45-46 se ejemplifica de una manera dramática la entrada de Jesús en el mundo de las tinieblas. Entró a ellas para derrotarlas en su propia cancha. Para sacarnos de las tinieblas y llevarnos a su luz admirable. (1 Pedro 2:9).

Pero, para sacarnos de las tinieblas y llevarnos a su luz admirable, era necesario que primero entrara en las tinieblas. Y penetrar en el mundo de las tinieblas, definitivamente, tendría su costo. Es en este punto en el que Jesús comienza a traspasar el umbral de lo natural a lo sobrenatural. Es en este punto donde Jesús experimenta su tormento más extremo cuando es desamparado por su Padre.

Con toda la humillación que había experimentado en todo este asqueroso proceso, jamás abrió su boca para injuriar, para refutar, para defenderse, o tan siquiera para quejarse. Sin embargo, esta es la única ocasión en la que Jesús llama "Dios" a su Padre.

Seamos honestos. La escena nos presenta una gran contradicción. ¿Acaso Jesús y el Padre no eran uno? Si Jesús era Dios juntamente con el Padre, ¿qué ocurrió? ¿Acaso la conexión entre el Padre y el Hijo quedó "offline" por desperfectos en el sistema?

¿Acaso se trató de una interrupción en el servicio de internet del cielo? ¿Cómo es que, después de haber sido reconocido como su Hijo amado delante de todos, en el bautismo, con todo y paloma, ahora el Padre lo "abandona" cuando más lo necesita?

Lo que realmente deberíamos preguntarnos es: ¿Corresponde esta acción del Padre a su carácter amoroso y compasivo? ¿Qué estaba ocurriendo realmente detrás de la cortina del cielo en ese momento?

Lo primero que quisiera establecer es que estoy seguro de que <u>en ningún momento</u> el Padre abandonó a su Hijo. Por lo mismo, estoy convencido de que también le escuchaba. Note que el texto es claro. El pasaje nos habla de desamparo, no de abandono. La definición de los términos es distinta. No es lo mismo ni se escribe igual.

Desamparar no es lo mismo que abandonar. El que abandona se va. Simplemente no está. Pero en esta escena tan escalofriante, el Padre estaba, y estaba más cerca de lo que pensamos. De hecho, si miramos el texto de manera lógica, no hace ningún sentido que Jesús pronuncie estas palabras si el Padre, en efecto, no hubiera estado allí con Él. Jesús le estaba hablando al Padre, porque el Padre no se había apartado de la escena ni un instante.

Entonces, ¿en qué consiste su desamparo? ¿Por qué Jesús se siente desamparado? Su desamparo consiste en que, aun cuando el Padre estaba allí presente, no podía hacer nada por su Hijo. En ese momento el Padre no podía interceder por su Hijo. Era el Hijo quien, en ese momento, estaba intercediendo por nosotros con su vida ante el Padre.

Por otro lado, en mi humilde opinión, prefiero pensar que lo que estaba ocurriendo en ese momento era el desarrollo de varias interesantes dinámicas que tienen que ver directamente con la relación de Dios como Nuestro Padre y nuestra relación con Él como sus hijos.

1. Dios aborrece el pecado.

Para aceptar esta afirmación, debemos comenzar diciendo que en ese trascendental momento para la humanidad, Jesús no estaba muriendo como un pecador. Si hubiera muerto como pecador, su muerte hubiera sido justa. Se la hubiera merecido. Sin embargo, todos sabemos que la muerte de Jesús fue la más injusta de todas las muertes, porque se trataba de la muerte de un inocente. De uno que nunca pecó. Que queda claro que su muerte no fue justa, aunque fue en justicia. Una justicia que debía acatarse por ley divina, no por Jesús, sino por nosotros. Por amor a nosotros.

Jesús no se hizo pecador al morir en la cruz. Jesús se hizo <u>pecado</u> para morir en la cruz. (2 Corintios 5:21). Esta es la razón que explica el aparente abandono del Padre. Jesús ya no era Jesús. Jesús era pecado.

Es aquí donde nuestra afirmación cobra sentido. Jesús se había convertido en aquello que el Padre tanto desprecia. Jesús era en ese momento la figura personificada de lo que el Padre tanto detesta. Por eso da la impresión de que se aleja. Por eso da la impresión de que se oculta de Su Hijo. Por eso Jesús siente en su naturaleza humana el desamparo de Dios.

Pero desampararlo no quiere decir que lo abandona. "Ocultarse" de su Hijo no quiere decir que de donde está no puede verlo. "Esconderse" de Jesús tiene una explicación. Una explicación un tanto inexplicable, de una acción totalmente inexplicable, pero que de alguna manera debe explicarse.

La única manera en que algo tan inexplicable pueda tener una explicación, como desamparar a su Hijo, siendo un Dios tan compasivo y amoroso, solo puede tratar de explicarse desde un punto de vista esencial. Una explicación que, por ser esencial, tiene que ver directamente con la misma esencia de Dios.

2. Dios aborrece el pecado, pero ama al pecador.

Voy a permitirme ser un tanto antropológico con la figura del Padre. Con antropológico quiero decir que voy a visualizar la figura del Padre desde nuestra naturaleza humana porque, precisamente, esa era la naturaleza en la que se desarrollaba la dinámica de sufrimiento que el Hijo atravesaba en este momento. (A decir verdad, mi idea no es tan descabellada. Pienso que era parte del plan. El Hijo ya se había hecho carne por nosotros).

Lo hago con mucho respeto y sin ánimo de ofender a Dios. Lo hago desde la perspectiva de un padre terrenal porque así, como yo también soy padre, tal vez, y sólo tal vez pueda entenderlo.

Piense por un momento en esto. ¿Acaso el Padre no estaba sufriendo también? ¡Cuánto tuvo que haberle dolido al Padre ver a su Hijo convertido en lo que Él tanto aborrece! Ciertamente Jesús no era el único que sufría en este drama.

- Oculto tras la oscuridad que Él mismo había creado milagrosamente en ese momento, con el eclipse o con lo que fuera, había un Padre que se estaba retorciendo de dolor al ver a su único Hijo convertido en una escoria podrida y maloliente.

- Es el momento dramático en que el Padre, mirando impotente desde la vitrina de la sala de operaciones, tiene que permitir que su Hijo amado sea sometido a una operación que de todas maneras va a costarle la vida.

- Estamos en presencia de la agonía de un Padre que tiene que soportar que le torturen y le maten a su Hijo amado en su propia cara.

- En ese momento, el Padre también había quedado desamparado.

No obstante, en este momento, aunque no nos parezca, el Padre estaba amando a su Hijo de una manera extraordinaria. El Padre cerró la ventana a través de la cual Jesús podía verle, precisamente para que no le viera. Para que Jesús, encima del dolor físico que padecía, no tuviera que sufrir también el dolor atroz y desgarrador que su Padre seguramente sufría en ese momento. Este era el momento en el que el Padre, por amor a su Hijo, daba la espalda para que no le viera llorar. Para que no viera cómo su frente se cubría con un sudor frío y su corazón se le subía a la garganta. Para que no viera cómo se mordía los labios mientras se sumergía en la angustia de ver a su Hijo morir por culpa de otro.

El Padre cierra la ventana del cielo para que su Hijo no viera cómo temblaba de rabia y dolor porque la víctima inocente de su propia ley divina era su propio Hijo.

Tal vez estoy equivocado. Tal vez usted piense que estoy exagerando la nota. Sin embargo, nadie puede explicar este sentimiento de una manera explicable como aquel quien ha perdido un hijo, o que al menos ha visto a su hijo al filo de la muerte. Nada hay que pueda explicar un dolor tan intenso. No hay una palabra que pueda describir el estado de un padre en esa condición. Al hijo que pierde un padre se le llama "huérfano". Para el padre que pierde un hijo no hay adjetivo. El dolor es tan inconcebible que no hay palabras que lo describan.

En este momento tan oscuro y tan doloroso no podemos pasar por alto que la ley divina, que en este momento cobraba la vida de un inocente, contemplaba que el hombre no muriera siendo culpable. La ley divina, que en este momento parecía ser injusta, estaba haciendo justicia por nosotros. Esta ley divina, más que cualquier otra cosa, es una ley fundamentada totalmente en la ley del amor.

¿Ha leído usted detenidamente a Juan 3:16? ¿De quién es el amor que se describe en el pasaje? ¿Se ha dado cuenta que el amor que se describe en el texto es el amor del Padre?

Es el Padre quien nos ama *"de tal manera"*. De manera tal, que fue capaz de entregar a su Hijo por nosotros a pesar de que le dolería.

A pesar de que el sufrimiento de Jesús le resultaría a Él igualmente insoportable, y a pesar de que, amando a su Hijo entrañablemente, le cierra la ventana del cielo para no ver en lo que Jesús se había convertido, y para que Jesús no le viera sufrir por lo que Él mismo tiene que permitir que ocurra.

Solo Dios, con su amor sin igual, pudo ser capaz de todo esto. Fue capaz de demostrar un amor tan grande, aun cuando el mundo le había ofendido con su pecado. Fue capaz de ver morir a su Hijo, y hasta sentir que Él mismo moría de dolor y angustia, con tal de que nosotros no muriéramos. Con tal de que la sentencia de muerte no fuera para nosotros. La ley de su amor fue tan poderosa que fue capaz de maniatar sus propias manos al punto de desamparar a su amado Hijo. Estando allí presente quedó tan impotente que fue como si no estuviera. Su amor por nosotros fue tan grande que, como decimos en Puerto Rico, el Padre quedó en esta escena "pintado en la pared".

Ciertamente la paga del pecado es muerte. (Romanos 6:23). El pecado es nuestro primer gran enemigo. Entonces, es por culpa del pecado de desobediencia que se introduce la muerte como un segundo enemigo del hombre.

Hoy los seres humanos mueren a consecuencia de la herencia de pecado de nuestros primeros padres.

Ahora, note bien que los pecadores no mueren fulminantemente cuando pecan. Entonces, ¿con qué realmente se paga el pecado? ¿Es con la muerte, o es con la vida? ¿De qué vida, o de qué muerte estamos hablando? ¿Con qué vida, o con qué muerte es que pagamos por nuestro pecado?

Evidentemente pagamos nuestro pecado con la vida. La muerte cobra nuestra deuda con nuestra vida. Esto, sin contar las posibles consecuencias que nuestro pecado carga sobre nosotros. Nuestro pecado, no conforme con cobrar de nosotros tan alto precio, también acumula "intereses", "penalidades" y "recargos" sobre nuestras espaldas durante nuestra existencia en la Tierra. Desde luego, no es con esta vida terrenal con la que pagamos el pecado. Es con la vida que nos espera en la eternidad.

Ahora, Romanos 6:23 también nos dice que la dádiva de Dios es vida eterna en Cristo Jesús. Jesús fue el único que ofreció su vida humana en pago por el pecado de todos. Por eso ya no hace falta otro sacrificio, por tanto, aceptando la dádiva de Dios, aceptando a ese Cristo como nuestro Salvador, es que tenemos vida eterna en Cristo.

Pero eso también significa que quien no acepte ese sacrificio vicario de Cristo en la cruz por nuestro pecado no tendrá la dádiva de Dios de la vida eterna en Cristo Jesús. Tendrá vida eterna, pero NO en Cristo Jesús, sino en condenación eterna. En las tinieblas que cubrirán su vida eternamente. En las tinieblas de muerte que lo mantendrán abandonado por Dios para siempre.

No cabe duda de que Dios aborrece el pecado, pero ama al pecador, y porque lo ama, lo escucha. Dios aborrece lo que el pecado ha hecho en ti. Aborrece lo que el pecado ha hecho contigo. Aborrece en lo que te has convertido por culpa del pecado.

Tal vez no sea teológicamente correcto, pero pienso que el Padre hizo creer a Jesús que no le escuchaba en ese momento porque Jesús no era un pecador que clamaba al Padre por auxilio desde su condición pecaminosa. Estoy seguro que si Jesús hubiera sido un pecador, el Padre lo habría escuchado. Pero Jesús no era un pecador. Jesús era el cordero del sacrificio. Jesús era la oveja que era llevada al matadero y que debía enmudecer y no abrir su boca. (Isaías 53:7). Las ovejas del sacrificio no tienen derecho alguno de decir unas últimas palabras, ni que se les conceda un último deseo. No están en el altar para hablar. Están allí para poner su cuello en la guillotina.

Entonces, si Jesús conocía esta verdad, ¿por qué de todas maneras clama al Padre? ¿Por qué grita y le reclama al Padre su desamparo? Porque Jesús, siendo El Maestro, aun desde la cruz tiene una poderosa enseñanza que ofrecernos.

La realidad gloriosa y maravillosa del Cristo que agonizaba en la cruz es que su clamor ejemplifica la condición de aquel que por su pecado vive apartado de Dios.

- En ese momento crucial en el que Jesús clama al Padre, Jesús está ocupando nuestro lugar en la cruz.
- Se estaba convirtiendo en nosotros.
- Estaba siendo la voz del pecador.

Jesús estaba personificando a todos aquellos que, como nosotros en un tiempo pasado, hoy viven alejados de Dios por su pecado y que piensan que por su pecado, no serán escuchados por Dios. ¡Que gran misterio es este, que Dios no parece escuchar a Jesús desde la cruz porque Jesús no era un pecador, pero escucha al pecador que clama a Él desde su pecado!

El pecado te puede hacer sentir alejado de Dios, o que Dios se ha alejado de ti. La trampa de Satanás para con el pecador es esa. Hacerle sentir que Dios lo ha abandonado.

Hacerle creer que las sombras y las tinieblas son las que reinan en su vida. En consecuencia, el hombre, entonces, se aleja de Dios, creyendo que Dios no le escucha, que lo ha abandonado y que lo va a castigar.

Sin embargo, Dios no nos abandona. Dios está presto a escuchar al pecador arrepentido. El mejor ejemplo lo tenemos en Cristo. Jesús, aun cuando por nosotros se había hecho pecado, aun cuando no era un pecador, clamó al Padre.

¿Por qué el hombre no puede hacer lo mismo, cuando es precisamente porque el hombre no clama a Dios, que no permite que Dios lo escuche y le asista? ¿Cuándo será realmente que Dios no escuchará al pecador? Dios no escuchará al pecador cuando éste, en el día de juicio, tenga que pagar por su pecado. En el día final, si el hombre ha persistido en su pecado, se convertirá en pecado, y tendrá que pagar por ello. Será real, total y definitivamente abandonado por Dios.

El pecado y Dios no comulgan. Fue por eso que Cristo sintió el desamparo del Padre. Por un breve momento no fue hombre. Fue pecado. Él se convirtió en pecado para que nosotros no tuviéramos que ser pecado. Si Él lo hizo por el hombre, ¿por qué persiste el hombre en permanecer siendo pecador?

No permitas que el pecado se interponga entre Dios y tú. No tienes por qué sentirte abandonado por Dios. Permite que Jesús sea tu mediador. Que Jesús sea quien se interponga entre el Padre y tú. Así no estarás perdido, alejado de Dios.

No temas, amigo pecador. Dios te escucha. Si clamas desde tu pecado, Jesús te escuchará y se interpondrá entre tu pecado y tú, y el Padre podrá mirarte con ojos de misericordia. No estás solo. Nunca lo has estado. Solo vives alejado de Dios por culpa de tu pecado. Vives fuera de su amparo y cuidado, no porque Él lo quiera, sino porque tu pecado ha puesto distancia entre Él y tú.

No estás abandonado. Estás desamparado. Estás fuera de su abrigo. Estás como estaba Jesús en la cruz: Golpeado y maltrecho por tu pecado. Pero el Padre te mira ahora mismo con ojos enternecidos y compasivos al ver en la condición en la que el pecado te ha dejado.

¡Llámalo!! Él está esperando que lo llames para remover las tinieblas que hoy rodean tu vida, y que puedas disfrutar de su luz admirable...

EL SEDIENTO OFRECE AGUA
(Palabra #5)

Lectura: Juan 19:28-29

Nos encontramos una vez más ante el cuadro del Calvario. Una vez más estamos ante la escena donde se ha puesto en juego la salvación del mundo, y donde se libra la más importante batalla para toda la raza humana. Esta es la ocasión suprema, en la cual la humanidad es testigo de la lucha por su destino final. Una confrontación que había sido cuajada desde el principio de los tiempos. (Génesis 3:15). La enemistad entre la serpiente antigua y el Cristo prometido nacido de mujer alcanzaba su momento de tensión más alto. Se medían las dos grandes potencias del universo: El cielo y el infierno. La luz y las tinieblas. La salvación y la condenación. La vida y la muerte. Dios y el diablo.

La lectura de Juan 19:28-29 nos refiere a lo que comúnmente llamamos "la quinta palabra" de Jesús en la cruz. Es una expresión en la que todos podemos estar de acuerdo que Jesús manifiesta su gran necesidad física. Una necesidad más que evidente, si consideramos la inmensa pérdida de sangre que había experimentado hasta ese momento. Estaba deshidratado y estaba desangrándose. Su cuerpo necesitaba agua.

¡Qué raro! La sed es la única queja que Jesús expresa cuando está en la cruz.

- ¿Por qué no se quejó de los azotes que desgarraron su espalda?
- ¿Por qué no se quejó de la corona de espinas que hería sus sienes?
- ¿Por qué no se quejó de los cañazos que los soldados romanos le propinaron en la cabeza?
- ¿Por qué no se quejó del impacto de los puños cerrados golpeando su cara, los que seguramente le hincharon sus ojos, le rompieron la nariz, le partieron los labios o le desprendieron algunos dientes?
- ¿Por qué no se quejó de los clavos en las manos y los pies, y solamente se queja por estar sediento?

Estas son preguntas que me hacen pensar en otra gran pregunta: Si el dolor de los golpes y los azotes no parecen ser necesidades físicas evidentes en ese momento, ¿por qué la sed tendría que serlo?

(En mi carácter personal, si yo fuera golpeado de esa manera, tal vez lo último que yo pediría sería un vaso de agua, a menos que ese vaso de agua esté bien frío y yo lo utilice para echármelo por la cabeza).

¿Por qué teniendo otras necesidades tan apremiantes de las que podía quejarse, solamente se queja diciendo que tiene sed?

Siempre he pensado que la escena del Calvario es una escena llena de contrastes.

- El contraste de Aquel que perdona a sus agresores.
- El contraste del Maestro justo que sufre injustamente y del injusto ladrón de la cruz que se salva por la justicia divina.
- El contraste de quien queda desamparado, pero que procura dejar amparada a una madre doliente.

Por tanto, ante tantos contrastes en una escena tan confusa, tiene que haber una o varias razones que expliquen este evidente contraste de alguien que tiene en su cuerpo tantos golpes y heridas como para haberse quejado a gritos, pero que de lo único que se queja es de que tiene sed.

Es precisamente en ese gran contraste donde se encuentran unas poderosas enseñanzas. Unas grandes lecciones que El Maestro de Galilea, aun desde la cruz, nos ofrece para nuestra vida cristiana.

1. La sed que satisface una profecía.

Las Escrituras han hablado de Jesús desde el principio. La Ley y los profetas habían hablado de Aquel que habría de venir. De Aquel cuyo sacrificio salvaría al mundo de sus pecados.

De Aquel que habría de padecer para redimir a la humanidad y reconciliarla con el Padre.

Desde luego, los padecimientos del Cristo profetizado en las Escrituras serían evidentes para los seres humanos.

- El profeta Isaías indica que Aquel que había sido anunciado, y cuyo anuncio sería menospreciado y desestimado, sería sin hermosura y sin atractivo para ser deseado. (Isaías 53:2).
- Dice el profeta que Cristo sería *"despreciado y desechado entre los hombres"*, *"varón de dolores"* y *"experimentado en quebranto"*. (Isaías 53:3).
- Se identifica a Jesús como el Cordero de Dios que sería llevado al matadero. (Isaías 53:7).

Ahora bien, también las Escrituras nos presentan una referencia grafica de la sed de la que Jesús se queja estando en la cruz. En Salmos 22 encontramos una descripción profética de los padecimientos que Jesús experimentaría en el Calvario.

- El clamor de angustia y desamparo – *"Dios mío, Dios mío, ¿Por qué me has desamparado?"*. – (Salmos 22:1).
- *"Oprobio de los hombres, y despreciado del pueblo"*. – (Salmos 22:5).

- *"Todos los que me ven me escarnecen; estiran la boca, menean la cabeza, diciendo: Se encomendó a Jehová; líbrele él; Sálvele, puesto que en él se complacía".* (Salmos 22:7-8).
- *"He sido derramado como aguas".* – (Salmos 22:14).
- *"Mi lengua se pegó a mi paladar".* – (Salmos 22:15).
- *"Me pusieron además hiel por comida, y en mi sed me dieron a beber vinagre".* – (Salmos 69:21).

A pesar de todo, vemos cómo Jesús no perdió la memoria. Jesús estaba consciente de todo su dolor, pero también estaba consciente de lo que todo ese dolor representaba.

Era necesario cumplir con la Escritura. Era necesario cumplir con la profecía. Era necesario afirmar que quien estaba muriendo en la cruz era precisamente Aquel de quien las Escrituras habían dicho que vendría. Era necesario despejar toda duda, para beneficio de todas las generaciones, de que Jesús era en verdad el Cristo, el Hijo de Dios, el Salvador del mundo.

No obstante, la sed física no fue la única sed que experimentó Jesús en ese momento tan crucial. Había otra sed que lo consumía. Otra sed que también lo estaba matando.

Otra sed que nos implica a nosotros directamente, y cuya implicación nos ofrece otra gran enseñanza.

2. La otra sed de Jesús.

Jesús tenía sed por la pérdida de sangre. Estaba deshidratado. Su sed era física. Pero esta expresión de sed no era solamente de carácter físico. La sed que Jesús manifiesta tener en la cruz representaba la aflicción de su alma. (Isaías 53:11).

La sed física era una que tal vez se hubiera saciado un poco con un poco de agua. Sin embargo, esta otra sed de Jesús era la sed que no se sacia ni con la más exquisita bebida. La sed que no se calma ni con el más chispeante refresco. La sed que no desaparece ni con el más refrescante y apetecible vaso de agua fría.

Agustín de Hipona, también conocido como San Agustín, decía que Jesús tenía sed de que la gente tuviese sed de Él. A esto, también podemos añadir que esta otra sed de Jesús era la sed de quien ansía apasionadamente terminar lo que ha comenzado. Era la sed de aquel que anhela ardientemente completar su tarea. De aquel que se consume por cumplir su misión.

A esto podemos añadir que, si Jesús ocupó nuestro lugar en la cruz, Jesús entonces experimentó la sed que nosotros también debemos experimentar. La sed que sintió Jesús es la misma sed que nosotros debemos sentir por Él, por los que se pierden y por nosotros mismos.

A nosotros debe consumirnos igualmente el deseo ardiente, apasionado e intenso de vivir y sentir en carne propia la sed de Jesús.

El Apóstol Pablo así también exhorta en Filipenses 2:5-8, cuando dice:

"Haya, pues, en vosotros este sentir que hubo también en Cristo Jesús, el cual, siendo en forma de Dios, no estimó el ser igual a Dios como cosa a que aferrarse, sino que se despojó a sí mismo, tomando forma de siervo, hecho semejante a los hombres; y estando en la condición de hombre, se humilló a sí mismo, haciéndose obediente hasta la muerte, y muerte de cruz". (RVR60).

Ahora bien, esta otra sed de Jesús también era una sed contrastante. Era una sed que era inexplicable en sí misma, pero que a su vez pretendía explicar el contraste y la confusión de una escena igualmente inexplicable.

- Era el contraste de una sed que pretendía saciarnos.
- Era el contraste del dolor que pretendía aliviarnos.
- Era la sed del indeseado para que lo deseemos.
- Era la sed del menospreciado para darnos valor ante el Padre.
- Era la sed de quien se humillaba para levantarnos ante Dios.
- Era la sed de quien no procuraba salvarse a sí mismo por salvarnos a nosotros.
- Era la sed de morir, para que nosotros viviéramos.

Ahora bien, hay un detalle muy particular en esta escena. Ya hemos visto que la sed de Jesús representa un gran contraste en su contexto. Sin embargo, no es menos cierto que Jesús mismo representa un contraste. Jesús ha marcado la diferencia entre el cielo y el infierno. Jesús ha dividido la humanidad con la cruz. Jesús ha perdonado a quienes lo han golpeado, ha hecho justicia con un injusto ladrón prometiéndole la vida eterna en el Paraíso, y siendo Dios, se ha visto totalmente desamparado.

Ahora Jesús tiene sed. Una sed contrastante, más que nada, porque Jesús el sediento también es un gran contraste. Entonces, ya que hemos considerado el contraste de la sed, es necesario considerar también...

3. El contraste del sediento.

Para considerar el contraste del sediento, es necesario examinar un pasaje de la Palabra de Dios que es muy particular, porque, además de este pasaje de Juan 19:28, es el único otro pasaje que conocemos en el que Jesús pide de beber.

Juan 4:1-42 nos narra el encuentro de Jesús con la mujer samaritana que iba a sacar agua al Pozo de Jacob. De toda la conversación podemos resaltar el hecho de que Jesús inicialmente le pide a esta mujer que le diera un poco de agua para beber, pero finalmente Él termina ofreciéndole a ella un agua muy distinta a la que ella le podía brindar. ¿No le parece que esta escena despierta una interrogante acerca del Jesús que antes ofrecía agua y el que ahora en la cruz la necesitaba?

Si Jesús podía ofrecer un agua que, según Él mismo, quien bebiere de ella *"no tendrá sed jamás"*, (Juan 4:14), ¿cómo es posible que no tenga ahora un poco de esa agua para sí mismo? ¿Cómo es posible que no pueda saciar su propia sed, aunque fuera con un poco de agua común y corriente? Esta es una gran contradicción, ¿no le parece?

La respuesta está, aunque usted no lo crea, en el mismo contraste de la cruz.

El gran contraste de la cruz radica en que Jesús hizo por nosotros lo que nosotros no podíamos hacer por nosotros mismos. Jesús pagó por nosotros en la cruz el precio que nosotros mismos no podíamos pagar. El gran contraste de la cruz es que con la muerte de Uno, hoy hay vida para muchos. Con la injusticia cometida contra un Justo, hoy hay justicia para los injustos. Con la sed del Santo, hoy hay agua para saciar la sed de los perdidos y sedientos.

No obstante, esto representa solamente la mitad del gran contraste. Representa la acción de Jesús a favor nuestro, lo que implica que todavía queda por completar la otra mitad del contraste.

Sabemos que toda acción habrá de producir una reacción. Por tanto, esa otra parte del gran contraste de la cruz representa la reacción del mundo ante la acción de Jesús. La primera parte del contraste Cristo la hizo por nosotros. Ahora nos toca a nosotros completar la otra parte del contraste haciendo lo que nos corresponde hacer por Jesús.

Lo que realmente nos propone la sed de Jesús en la cruz es que somos nosotros quienes debemos darle de beber. ¿Cómo, entonces, saciaremos la sed de Jesús? ¿Cómo será que reaccionaremos ante la acción de Jesús?

¿Cómo será que nos identifiquemos con el Jesús sediento que hoy se expresa ante nosotros diciendo: "Tengo sed"?

Si quieres dar de beber a Jesús es necesario aceptar el sacrificio que hizo por ti. Es necesario que nosotros también sintamos la sed por Jesús, así como Él la sintió, y todavía siente por nosotros. Es necesario también dejar que Jesús te dé a beber del agua que salta para vida eterna, pero para eso es igualmente necesario aceptar Su sacrificio en el Calvario. Es así como el contraste de la cruz desaparece. Esa así como el sinsentido tiene sentido. Esa es la manera correcta de saciar la sed de Jesús.

Finalmente, es necesario destacar que la profecía bíblica no se limitaba a describir los padecimientos de Cristo por la humanidad. Las mismas profecías bíblicas indicaban que todo este padecimiento, injusticia, dolor y sed tendrían su recompensa.

En Isaías 53:11 nos dice que Jesús *"verá el fruto de la aflicción de su alma, y quedará satisfecho"*. (RVR60). Sabemos que en aquel gran día, cuando millones estén congregados frente al trono de Dios, y Jesús tenga frente a sí a una multitud incontable, Nuestro Señor verá que su sacrificio no fue en vano.

Sin embargo, ¿podrá decir Jesús lo mismo ahora cuando mira desde los cielos al mundo por el que Él murió?

- ¿Estamos haciendo nosotros nuestra parte para ser parte del cumplimiento de la profecía?
- ¿Crees que la sed de Jesús está satisfecha ahora mismo?
- ¿Crees que Jesús está satisfecho con la vida de sus hijos, con la respuesta de nuestros corazones, con la manera en la que vivimos nuestra relación con Él, con nuestra conducta y con la manera que nos esforzamos por su causa?
- ¿Acaso no podríamos hacer más para calmar su sed y demostrarle cuanto le amamos?
- ¿Podrá Jesús sentirse saciado de su sed cuando todavía hoy hay quienes le rechazan y le menosprecian?
- ¿Qué le estamos dando a beber al Cristo sediento de la cruz: agua o vinagre?

He ahí el contraste de la expresión "Tengo sed". El sediento prefiere tomar el vinagre, como dice Juan 19:29, para que seas tú quien tomes el agua. El sediento ofrece a otros del agua que debió procurar para sí. Jesús no pidió agua para Él; la pidió para ti. Jesús no produjo el milagro de hacer brotar agua para saciar su sed; Él produce el milagro para que seas tú quien la tomes.

A Él no le interesa saciar su sed. A Él solo le interesa saciar la tuya.

Se cumple la Palabra sobre el Dios de salvación cuando, en lugar de tomar agua, toma vinagre. Se cumple igualmente la salvación de Dios cuando tú, en lugar de seguir tomando de la amargura del vinagre del pecado, aceptas tomar del agua que solo Jesús te puede ofrecer. Del agua que, una vez la pruebes, dejarás de tener sed de ser salvo. En Cristo está el agua de salvación que buscas.

Hoy Jesús te dice: Tengo sed de ti. ¿No quieres tú también tener sed por Jesús? Si Jesús murió por ti, ¿no quieres tú vivir para Él? Jesús te pide de beber, ¿serás tú quien le niegue el agua? Jesús te pide hoy que le entregues tu vida, ¿se la negarás?

Jesús se ha expresado. Jesús tiene sed. Y tú, ¿no quieres agua...?

¡TETELESTAI!
(Palabra #6)

Lecturas: Juan 19:30, Mateo 27:50, Lucas 23:46

Nos encontramos en el penúltimo capítulo de la historia. El telón de este drama de la cruz caerá por penúltima vez. Un capítulo que, aunque el tiempo que transcurre en toda la narración dura aproximadamente seis horas, se presentan con lujo de detalles todas las ocurrencias de la puesta en escena. Por eso es que la narración y la lectura de la misma resultan tan intensas. El redoble de percusión parece taladrar hasta lo más adentro de nuestros huesos. Jesús está muriendo, lenta y dolorosamente. Poco a poco la vida se le escapa del cuerpo. No la pierde. Él la entrega.

Era necesario, sin embargo, que todo esto aconteciera de esta cruel manera. Jesús había venido a este mundo precisamente para este momento. Y las palabras finales que pronuncia desde la cruz evidencian el propósito. Había un plan predeterminado que se estaba cumpliendo. Por tanto, a Jesús no lo mataron. Él vino a morir.

La misión estaba llevándose a cabo según lo planeado. El Cordero de Dios estaba quitando el pecado del mundo.

135

Gota a gota de sangre. Golpe a golpe. Con cada latigazo. Con cada espina. Con cada clavo. Entonces, como todo aquel que proclama victoria, Jesús alza su voz y grita "¡Consumado es!".

El evangelio de Juan no especifica ese detalle, pero a juzgar por lo que narran los otros tres evangelios, el grito con el que Jesús entrega el espíritu al momento de morir estuvo acompañado por estas palabras. No podía ser de otra forma. Jesús no podía estar mascullando en voz baja una declaración de victoria tan poderosa. Jesús no podía estar declarando victoria como aquel que admite una derrota estando de rodillas. Jesús no estaba vencido. Jesús estaba venciendo. No estaba ni siquiera de pie. Estaba aun más arriba. Estaba levantado en todo lo alto. A la vista de todos. La cruz no humillaba a Jesús. Todo lo contrario. Lo exaltaba.

El pasaje no parece ofrecer mucho más allá de lo obvio. Ya todo estaba dicho. Ya todo estaba consumado. Ahora bien, profundizando un poco en el análisis del mismo, encontramos algunos pequeños detalles que resultan muy interesantes y significativos. Detalles que, aunque parecen pequeños, magnifican la gloria del momento y de la espectacular victoria que en ese instante se estaba alcanzando.

1. Tetelestai = Misión cumplida.

El evangelio de Juan fue escrito en una variante del griego llamado *koiné*. Este era el griego común, hablado en todas las ciudades del Imperio Romano, y tenía influencias del arameo y del hebreo, por lo que el lenguaje era altamente conocido y ampliamente hablado en toda Judea. Como todos sabemos, el evangelio de Juan es un tanto diferente en estructura y temática en relación con los otros tres evangelios, Mateo, Marcos y Lucas, llamados también evangelios sinópticos, debido a que está dirigido a los gentiles. Cuando se revisó el texto original del evangelio de Juan, se encontró que la expresión de Jesús "Consumado es" se registró como *"tetelestai"*. En griego, la palabra *"tetelestai"* tiene varias definiciones, pero las que aplican al pasaje son las siguientes:

- *Tetelestai* - Esta era la palabra que un sirviente utilizaba cuando regresaba a la presencia de su amo para indicarle que había consumado la misión o la tarea encomendada tal cual se le había asignado. Era la manera de decirle a su señor que todo había salido "a pedir de boca". Que ninguna parte se cumplió por casualidad, o por "carambola". Que no fue necesario improvisar. Que el plan se cumplió al pie de la letra. Era decirle al amo: "Misión cumplida, mi señor".

- *Tetelestai* - Esta palabra también era la manera de expresar más definitivamente en la vida comercial griega que la transacción realizada satisfacía totalmente todos los términos del negocio realizado. Era la indicación sin lugar a dudas que toda deuda quedaba totalmente pagada y cancelada. Era el sello de pago que liberaba de la obligación total de cualquier contrato abierto. Era el borrón definitivo de cualquier balance en el cuaderno de cuentas pendientes. En algunas costumbres griegas era la expresión propia para indicar que incluso se arrancaba la página del libro de cuentas, dando a entender que el crédito del cliente quedaba como nuevo. Intacto. Absolutamente limpio.

- *Tetelestai* - Dentro del contexto cultural judío, esta expresión griega se utilizaba mucho para indicar que se había seleccionado minuciosamente al cordero destinado para el sacrificio y que cumplía con todos los requisitos de pureza y perfección. *Tetelestai* significaba que la víctima escogida para el altar satisfacía totalmente a todos, y era más que suficiente para todos. Que el sacrificio no tenía el más mínimo defecto.

- *Tetelestai* - Curiosamente, no solo era una expresión verbal, sino una expresión corporal. *Tetelestai* era el gesto <u>con los brazos extendidos</u> con el que el artista regresaba al escenario por última vez para recibir el aplauso y el reconocimiento de su público al finalizar la obra.

Es por todo esto que las palabras de Jesús en ese momento, "Consumado es", no podían ser palabras expresadas en voz baja.

Observe lo siguiente. Mateo 27:50 indica que en el momento de entregar el espíritu Jesús clamó a gran voz. Marcos 15:37 indica que Jesús expiró dando, igualmente, una gran voz. Lucas 23:46 confirma lo mismo, que cuando encomendó su espíritu al Padre, Jesús lo hizo clamando a gran voz. Y por último, Juan 19:30 señala claramente que cuando todo eso ocurre, cuando Jesús inclina la cabeza para entregar el espíritu, al momento de clamar en alta voz según muestran los otros evangelios, lo que dijo fue: "Consumado es".

Nadie celebra por lo bajo cuando ha saldado la hipoteca de su casa, o cuando ha terminado una carrera universitaria. Todo atleta celebra por todo lo alto cuando ha alcanzado el campeonato, o cuando rompe un récord mundial.

¡Así se sentía Jesús! Lo entregó todo, pero lo había ganado todo. Había asegurado el triunfo. Logró cumplir la misión. Ahora todos los hombres pueden ser salvos por su cruz. ¡Aleluya!

Ahora bien, la celebración de Cristo, el grito de victoria desde la cruz, fue en grande, no solamente por lo que ciertamente se había alcanzado, sino que era mucho más significativo y abarcador.

Fueron muchas cosas las que se consumaron en ese momento. Pagar el precio de nuestra salvación era ya de por sí algo sin igual. Fue un pago total, totalmente satisfactorio, por un cordero totalmente perfecto, como ninguno otro jamás lo hubiera podido lograr, que logra borrar absolutamente todo pecado, sin dejar cuenta pendiente, sin que quede borrón o mancha en el cuaderno, que nos exonera totalmente del contrato de muerte, y que restablece nuestra relación con el Padre de manera intacta y perfecta.

Pero, por si fuera poco, aquí también se consuma la figura de Jesús como el Verdadero Cristo, como el Verdadero hijo de Dios.

Toda la Escritura tiene que ver directamente con Jesús, y todo lo que se dice acerca de Jesús está en la Escritura. Por tanto, no solamente se estaba dando la consumación de un plan de salvación. También se estaba consumando y exaltando la figura del Salvador que consumaba el plan, y se estaba consumando y confirmando toda la Escritura, en verdad y contenido, como la Palabra de Dios.

Si el plan se estaba cumpliendo, si todo estaba siendo consumado, entonces toda la Palabra de Dios se consumaba como cierta, todo el plan de salvación se consumaba como cierto, y Jesús es el Único y Verdadero Salvador, de manera consumada, real y ciertísima.

Además de la salvación en Cristo, observe todo lo demás que se consuma en ese momento:

2. Toda la Ley fue consumada en Cristo.

Nadie cumplió de manera más perfecta con todos los requisitos para el sacrificio perfecto. La Ley fue, como indica el Apóstol Pablo en Gálatas 3:24, el ayo o la guía para conducirnos a Cristo. Entonces, con la muerte de Cristo, todos los sacrificios de la Ley quedaron consumados en Uno.

¡*Tetelestai!* ¡Consumado es! Se consumó todo derramamiento de sangre en la Cruz del Calvario.

3. Todas las profecías fueron consumadas en Jesús.

Desde Génesis 3:15 y la serpiente herida en la cabeza, pasando por el pasaje de Isaías 53 y el siervo sufriente, nos hablaban de Aquel que habría de venir en propiciación por el pecado.

Tanto así, que el mayor de los profetas nacido de mujer según Jesús mismo, Juan el Bautista, (Lucas 7:28), se refiere a Él y lo señala como *"El Cordero de Dios que quita el pecado del mundo".* (Juan 1:29).

4. El fin del poder satánico quedó consumado en la cruz.

Isaías 61 y Lucas 4:18 confirman las buenas nuevas de salvación por medio del evangelio de Jesucristo. Ahora los pobres tendrían buenas noticias, los oprimidos y los presos serían liberados, los afligidos serían consolados y se establece el año agradable del Señor desde la salvación consumada en la cruz.

5. Quedó satisfecha toda la justicia de Dios.

El Apóstol Pablo redondea todo el pensamiento de la total consumación de la cruz cuando nos dice en Romanos 3:21-26 lo siguiente:

"Pero ahora, aparte de la ley, se ha manifestado la justicia de Dios, testificada por la ley y por los profetas; la justicia de Dios por medio de la fe en Jesucristo, para todos los que creen en él. Porque no hay diferencia, por cuanto todos pecaron, y están destituidos de la gloria de Dios, siendo justificados

gratuitamente por su gracia, mediante la redención que es en Cristo Jesús, a quien Dios puso como propiciación por medio de la fe en su sangre, para manifestar su justicia, a causa de haber pasado por alto, en su paciencia, los pecados pasados, con la mira de manifestar en este tiempo su justicia, a fin de que él sea el justo, y el que justifica al que es de la fe de Jesús". (RVR60).

"Consumado es" quiere decir "Boleto al cielo pagado en su totalidad". Con esta palabra, Cristo puso un puente a la brecha que nos separaba de Dios. La obra quedaba terminada, y el Padre otorgaba el permiso de uso de la estructura en virtud del acuerdo de justicia. *"Consumado es"* quiere decir graduación, triunfo, diploma. *"Consumado es"* quiere decir que se saldó la cuenta, que el pago fue recibido y aceptado. Es la confirmación electrónica de que el mensaje llegó, que el paquete fue recibido, que el pasaporte ha sido sellado.

Finalmente creo que queda solo una cosa más por aclarar. ¿Notó que al principio dije que todo esto se trataba del penúltimo capítulo de la historia? Es que realmente la historia de la cruz no concluye con la muerte de Jesús. A decir verdad, la historia todavía no había terminado. Faltaba un último capítulo que cerrara con broche de oro todo lo que se había consumado.

La historia no quedó colgada en la cruz, ni tampoco quedó encerrada en la tumba.

Podríamos terminar este capítulo con las palabras que un buen escritor utilizaría para comenzar el próximo:

"Tres días después...".

LA ORACIÓN DE LAS BUENAS NOCHES
(Palabra #7)

Lectura: Lucas 23:44-46

Quedaban aún algunos minutos de intensidad y expectación por transcurrir en el drama de la cruz. Minutos que parecerían eternos. Largos. Llenos de agonía. Y justo cuando se acerca la parte final, el momento preciso de la acción culminante, ¡se apagaron las luces! ¡El sol se oscureció!

Era evidente que la naturaleza mostraba su descontento con lo que acontecía. El Creador estaba siendo crucificado por la mano de la misma creación. La misma creación a la que había amado tanto. La misma creación por la que, por amor, se hizo carne. ¡Por eso el sol se oscureció! Cerró sus ojos, como quien no quiere mirar la parte más tenebrosa de la película. Cerró sus ojos ante la ingratitud de la escena. Una escena que no era ficticia o montada. Era, sin duda, la más cruda y dolorosa de las realidades.

Pero no solamente el sol abucheaba en este inmenso teatro. La misma tierra tembló, las rocas se partieron y los sepulcros se abrieron. (Mateo 27:51-52). La creación reaccionaba incómoda y molesta ante el injusto espectáculo que presenciaba. Reaccionaba con gran desacuerdo.

Como quien tira tomates podridos al escenario en señal de disgusto y desagrado. A la creación, como seguramente ocurre con todos nosotros, no le gustan los finales tristes.

Desde luego, usted y yo sabemos que esta oscura escena del drama de la cruz no era, precisamente, la escena final de la obra de redención. No era el final, antes bien, era el principio.

- La cruz, como en todo buen mapa del tesoro, no marcaba precisamente el fin del camino, sino que realmente marcaba el inicio de la ruta.
- La cruz no era el lugar desde donde Jesús debía irse de este mundo, sino el lugar al que todo el mundo debe llegar.
- La cruz no marca en el mapa el lugar donde Jesús se encontró con la muerte, sino el lugar donde usted y yo nos encontramos con la vida. La verdadera vida. La vida eterna.

Ahora bien, siendo que en este punto culminan algunos asuntos puntuales de la salvación, y a la vez comienzan otros relacionados con nuestra experiencia de vida cristiana, conviene que analicemos ciertos detalles de la narración. Mateo 27:51, Marcos 15:38 y Lucas 23:45 nos indican con gran exactitud que el velo del templo se rasgó en dos. De arriba hacia abajo.

Sin lugar a dudas, y con la definitiva intención de enviar un mensaje claro. Enviar el mensaje de que las puertas del cielo, así como el Lugar Santísimo, se abrían de par en par. Se abrían de par en par...

- Para que todo aquel que llegue a la cruz de Cristo, y la haga suya, tenga acceso directo al Santo Lugar.
- Para que todo aquel que encuentre la cruz en el mapa de la salvación sepa que finalmente ha llegado a la presencia de Dios.
- Para que todo aquel que estuviera cansado y cargado pudiera venir a la misma presencia del Padre y poder descansar.
- *"...Para que todo aquel que en Él cree no se pierda, mas tenga vida eterna"*. (Juan 3:16).

Ahora bien, me resulta curioso el hecho de que el evangelio de Juan no menciona este acontecimiento. El evangelio de Juan no menciona este detalle particular de la rasgadura del velo del templo. ¿Quiere usted saber por qué? Tengo una idea, y espero que usted pueda compartirla conmigo.

Se me ocurre pensar que la rasgadura del velo del templo no solamente tenía la intención de abrir paso para que el mundo entero entre a la presencia de Dios, sino para que también algo pudiera salir de la misma presencia de Dios hacia el mundo entero.

La rasgadura del velo del templo no fue solamente para que todo aquel que así lo quisiera pudiera caminar hacia dentro, sino para que de igual manera pudieran salir desfilando triunfantemente hacia afuera.

Hemos venido recalcando el hecho de que todos los acontecimientos de la pasión, muerte y resurrección de Jesús los hemos estado presentando como un inmenso drama. Como un escenario sobre el cual hemos visto desfilando toda clase de personajes y situaciones que marcaron de forma especial la última semana del ministerio de Cristo sobre la Tierra. Ahora, en el momento preciso en el que el velo del templo se rasga en dos, se presenta a escena un personaje muy especial en la obra de redención del Padre. Un personaje que sale del mismo corazón de Jesús. Un personaje que, en Mateo 16:18, Jesús mismo indica que es Suyo. Que es de Él. Un personaje en el que, de forma protagónica y especial, usted y yo estamos representados e incluidos.

La rasgadura del velo del templo también tenía la intención de descubrir algo. De mostrar algo. De presentar al mundo entero la nueva sensación de Dios sobre la faz de la Tierra. Entonces, en un corte de cinta espectacular, y para el conocimiento de todos, Dios inaugura su más reciente institución en el mundo.

La rasgadura del velo del templo dio paso al desfile triunfal de la iglesia. La iglesia que, precisamente, nació en virtud de la muerte de Cristo.

Curiosamente, el evangelio de Juan fue escrito para la iglesia. Esa es la razón principal por la que yo pienso que la narración de la rasgadura del velo del templo no aparece en este evangelio. La iglesia no debe considerarse como un personaje de tercera en la narración. La iglesia no estaba desde afuera contemplando los hechos. La iglesia estaba, precisamente, tras el velo que se rasgó.

La iglesia no estaba en esta escena como un mero espectador. La iglesia estaba en esta escena como protagonista. Tras el telón del escenario. Lista para salir al mundo. Dispuesta a caminar hacia afuera de entre la rasgadura del velo. Hermosa. Vestida de blanco. Como novia ataviada para su esposo. Como un día se presentará delante de su Amado Señor. Tal y como salió de detrás de la cortina. De la misma forma en que fue presentada al mundo este gran día.

Tal y como el mismo Rey Salomón la describe en Cantares 6:10. Tal y como se muestra el alba. Hermosa como la luna. Esclarecida como el sol. Imponente como ejércitos en orden.

Nos corresponde, sin embargo, y muy a nuestro pesar, regresar a la escena del Calvario. Allí estaba Jesús en su final agonía. Todo estaba hecho. Todo estaba consumado. La obra de Jesús terminaba en la Tierra cumpliendo con las expectativas del Padre. Entonces, siendo ya terminada la obra, siendo ya cumplida la misión, Jesús clama una vez más a gran voz para decir *"Padre, en tus manos encomiendo mi espíritu"*.

¿Qué hay detrás de esta expresión? ¿Por qué habría de ser necesaria, si ya todo estaba terminado? ¿Por qué añadir algo más, si ya no hacía falta? ¿Si ya había logrado vencer, y ya había declarado victoria?

Jesús, como todo un buen carpintero, estaba dando los toques finales a la obra. Jesús añade en esta última expresión desde la cruz unas importantes terminaciones al trabajo que había realizado. Y, desde luego, y como característica propia de todo su ministerio, como algo que siempre procuró hacer con todo lo que decía y con todo lo que hacía, Jesús tiene la intención de dejarnos unas enseñanzas finales.

Jesús nos enseña por medio de esta última palabra unas lecciones prácticas para el enriquecimiento de nuestra teolosis. Para el fortalecimiento de nuestra experiencia de vida cristiana.

1. La oración de las buenas noches.

Como un dato curioso, encomendar el espíritu al Padre Celestial era la oración que toda madre judía le enseñaba a su hijo para antes de dormir. La intención era que lo último que un niño dijera al final del día fuera una oración al Padre. Era el ajuste de cuentas en la noche. Era el acuerdo de paz con Dios para que en paz pudiera acostarse y así mismo dormirse, confiando en que Dios le haría vivir confiado. (Salmos 4:8).

Siendo así, la expresión de Jesús nos enseña la importancia de ajustar nuestras cuentas con Dios todos los días. De encomendar a Dios nuestro camino. (Salmos 37:5). De que procuremos siempre la certeza y la seguridad de que estamos en paz con Dios. De que todo lo que hagamos sea del agrado de Nuestro Padre. De que le hemos honrado. De que nuestras acciones glorifican Su Santo Nombre.

2. La expresión de satisfacción por el deber cumplido.

Es importante señalar que Jesús no utilizó esta expresión por pura casualidad. Jesús repite lo que en Salmos 31:5 el Rey David utilizó para manifestar confianza en medio de la angustia.

A esto podemos añadir la declaración de paz de Salmos 4:8, cuando nos enseña que *"en paz me acostaré, y asimismo dormiré, porque solo tú, Jehová, me haces vivir confiado"*. (RVR60).

Siendo así, la expresión final de Jesús desde la cruz nos enseña que, a pesar de la prueba y la dificultad, podemos estar confiados en Dios. Que no importa el dolor y la angustia, no hay nada mejor que la satisfacción del deber cumplido. Que así como el séptimo día de la creación fue el día del reposo, del descanso y de la satisfacción, igualmente la séptima frase introdujo al Señor en el lugar del perfecto reposo de la obra cumplida.

No obstante, la satisfacción por el deber cumplido implica la importancia de cumplir con el deber para que podamos estar satisfechos.

- Que el reposo y la paz del Señor no vendrán sin que antes hayamos tenido que pasar por la tribulación o la adversidad.
- Que el descanso vendrá, pero solamente hasta después del trabajo.
- Que no se puede llegar a la séptima palabra sin pasar primero por las primeras seis.
- Que la tarea no se acaba hasta que no se acabe.

Jesús no pudo haber cantado victoria antes de haber batallado. Por tanto, nosotros no podremos pronunciar la oración de las buenas noches sin que antes transcurra el día. No podremos recibir lo mejor sin primero dar lo mejor. No podremos "echarnos fresco" sin primero "echar el resto".

3. La certificación de una buena obra completada.

Cuando hemos terminado la tarea necesitamos saber que la misma fue realizada satisfactoriamente. Pablo lo demuestra al final de su jornada, cuando nos dice en 2 Timoteo 4:7: *"He peleado la buena batalla, he acabado la carrera, he guardado la fe".* En ese sentido, la oración de las buenas noches, la expresión final de Jesús desde la cruz, es la oración donde declaramos por la fe que nuestro depósito y nuestra corona están reservados y garantizados para aquel día.

En esta última expresión, el Maestro nos está enseñando una importante lección. La oración antes de dormir, antes de entregar el espíritu, antes de morir, es la enseñanza de Jesús de que al final de la jornada podemos depender confiadamente de que descansaremos en los brazos de Nuestro Padre. Nos enseña que podemos tener esperanza de vida al terminar esta vida. Es la forma de ministrarnos en medio del valle de sombra y de muerte.

Jesús da el ejemplo de la fe que es necesaria para entregar la vida ante la muerte, con la esperanza de la vida eterna por la resurrección. Entonces, la oración de las buenas noches es la demostración de que creemos por la fe en esa promesa de la resurrección.

- Es nuestra afirmación de confianza de que no seremos dejados en el Seol.
- Es nuestra expresión verbal de seguridad de que Dios es fiel ahora, y hasta en la hora de nuestra muerte.
- La oración de las buenas noches nos enseña que, así como murió nuestro Señor, nosotros también podemos morir: con confianza, de buena gana y victoriosamente.

A esto, el Apóstol Pablo añade en Filipenses 1:21 que *"para mí el vivir es Cristo, y el morir es ganancia"*. (RVR60).

Jesús murió así en la cruz, para que todos los que le conozcan y le reconozcan como su Señor y Salvador puedan morir con la misma confianza y seguridad.

4. La expresión final de Jesús desde la cruz es una invitación y una exhortación al compromiso.

Giuseppe Garibaldi fue un militar y político italiano del siglo 19.

Se le conoció como "El Héroe de dos mundos", por su lucha para la unificación de Italia y por su participación en guerras en el Nuevo Mundo. Estas guerras en América contribuyeron a la independencia de Uruguay y Paraguay, así como la liberación de territorios para Brasil y Argentina.

Este insigne militar instruía y advertía a sus soldados de la siguiente manera: "Tengo mucho que ofrecerles. Les ofrezco fatiga, lucha, peligro y muerte. Frío por las noches y calor por el día. No descansos, ningunas provisiones y marchas forzadas. Los que amen la libertad, síganme". Esto debe hacernos pensar que la misión de Jesús en la Tierra no fue fácil, lo que indica que nuestra misión tampoco lo será.

De otro lado, Jacobo Benigno Bossuet, un ilustre predicador del Siglo 15, también solía decir: Lo más grande del mundo es Cristo; lo más grande de Cristo fue su pasión y muerte; lo más grande de su pasión fue su último suspiro, pues en él consumó la obra de la redención".

Fue por ese grito final que su pasión y su muerte tuvieron sentido. Fue llegar a la meta gritando victoria. Fue el esfuerzo final para cruzar y partir la cinta de llegada. Pero todo esto se lograría a un costo muy elevado.

155

Entregar el espíritu no fue para Jesús una cuestión de muerte, sino la definición de toda su vida. Entregar el espíritu es entregar la voluntad propia a la voluntad del Padre. A pesar del sacrificio que eso implique. Es compromiso por encima del sacrificio, por encima del dolor y por encima de la misma cruz. Entregar el espíritu es la rendición de la voluntad en la vida, así sea entregando la vida misma.

Jesús lo hizo, y nosotros estamos igualmente llamados a hacerlo, si hemos entendido el sacrificio que implica el compromiso, y el compromiso que implica el sacrificio.

- Entregar el espíritu como lo hizo Jesús es renunciar a nuestro egoísmo.
- A la comodidad que nos impide entender la cruz y el Calvario.
- Es renunciar al mundo fácil.
- Es seguir tomando la toalla y el lebrillo para seguir sirviendo.
- Es negarnos a nosotros mismos todos los días, y todos los días seguir tomando nuestra cruz para seguirle.

Por último, quiero destacar una importante enseñanza de Jesús en esta última palabra. Una enseñanza que ata con broche de oro esta clase de compromiso al que Jesús nos emplaza.

5. Las palabras con las que Jesús concluyó su misión no concluyen la misión de Jesús.

Guillermo Booth fue un teólogo inglés del Siglo 19. Su pasión por ayudar a los pobres y los más necesitados de Londres lo llevó a desarrollar un poderoso ministerio, el cual lo convirtió en el fundador y primer general del Ejército de Salvación en 1878. Más tarde, en 1907, recibió de la prestigiosa Universidad de Oxford el título de Doctor *Honoris Causa* por su extensa labor social y misionera.

Se dice que en su discurso de aceptación, Guillermo Booth compartió con la audiencia cuáles fueron sus palabras iniciales al comenzar su ministerio. Cuando Guillermo Booth vio a los pobres y desamparados de su país, pensó en lo que Jesús haría por ellos y comenzó su trabajo con las siguientes palabras: "Padre, en tus manos encomiendo mi espíritu".

Guillermo Booth pensó correctamente cuando entendió que su trabajo debía comenzar con las mismas palabras que Jesús terminó el suyo. *"Padre, en tus manos encomiendo mi espíritu"* fueron las palabras con las que Jesús concluyó su misión, pero son las palabras con las que nosotros comenzamos la nuestra.

Encomendando a Dios nuestro espíritu es la manera en la que afirmamos nuestro compromiso con Dios y con su llamado. Es la forma en la que aceptamos nuestra Gran Comisión de por vida, y hasta el mismo momento de nuestra muerte. Es la manera en la que recibimos el batón de manos de Jesús para continuar nosotros la carrera. Con estas palabras no termina una carrera por causa de la muerte, sino que inicia el verdadero relevo por la vida.

Ciertamente, las palabras con las que Jesús concluyó su misión no son el final de la misión. Por el contrario, se convierten en el inicio de la misión de la iglesia.

- Esa iglesia que salió triunfante de entre la rasgadura del velo del templo.

- Esa iglesia que debe cumplir con su deber satisfactoriamente para poder tener la satisfacción del deber cumplido.

- Esa iglesia que ha recibido y que demuestra con su ejemplo la fe necesaria en la que vive y en la que resucitará para vida eterna.

- Esa iglesia que sin egoísmos y con humildad somete su vida y su voluntad al Señor diciéndole todos los días "Padre, en tus manos encomiendo mi espíritu".

Esas deben ser nuestras palabras mientras el día dura, en la noche oscura antes de dormir, durante toda nuestra vida, mientras dure nuestra misión, y en el momento final y glorioso de presentarnos ante el Padre.

¡Buena vida, buena teolosis, buena misión, y cuando se acabe el día, buenas noches...!

LA RESURRECCION Y SUS ENSEÑANZAS

Lectura: Marcos 16:1-6

Para mí, cualquier tema que tenga que ver con Jesús siempre será un tema fascinante. Y con mayor interés lo es el tema de su resurrección. A lo largo de su ministerio en la Tierra, a Jesús se le conoció como "Maestro". Y con razón. Jesús siempre estuvo enseñando, tanto con sus palabras como con sus acciones. Todo lo que Jesús hacía y decía tenía el propósito claro y definido de dejar una enseñanza, tanto para los hombres y mujeres de aquel tiempo, como para nosotros hoy.

Dicho esto, damos por establecido que la resurrección de Jesús es el hecho central de nuestra fe cristiana. El Apóstol Pablo afirma en 1 Corintios 15:14: *"Si Cristo no resucitó, vana es entonces nuestra predicación, vana también nuestra fe"*. (RVR60).

Es pues la resurrección el evento que mayor sentido da a nuestra fe. El hecho de que Jesús muriera por nosotros en la cruz adquiere el sentido de salvación que tiene por cuanto Él, en efecto, se levantó de la tumba.

- Morir en la cruz era el sacrificio necesario para el perdón de nuestros pecados. La resurrección es, entonces, la garantía de que nuestra fe es viva y verdadera.

161

- La muerte en la cruz es el pago de nuestra deuda para quien acepta este hecho de perdón. La resurrección, por su parte, confirma que realmente hay perdón en esa cruz.
- Es la garantía ciertísima de que nuestros pecados fueron llevados en la cruz y fueron enterrados con la muerte de Cristo. Pero además, confirma y asegura nuestra esperanza de vida eterna con Jesús después de la muerte, siempre y cuando recibamos y permanezcamos en la obra de redención que Él compró en la cruz para toda la humanidad.

El motivo fundamental de toda la gestión redentora de Jesús en la cruz tiene un objetivo definido. La intención de Jesús era la de reconciliar al hombre con el Padre Celestial quien lo creó. Era derrotar al mayor enemigo del hombre. Es erradicar la causa de tanto dolor y sufrimiento en la vida del ser humano. Es romper la barrera que separa al hombre de su Dios. Ese enemigo, esa causa, esa barrera es el pecado.

Un enemigo que, para colmo de males, y como si no fuera suficiente el daño que provoca por sí solo, no vino solo. Vino acompañado de una ponzoña venenosa, y en efecto, mortal. El pecado vino acompañado de la muerte.

El pecado del hombre en el Jardín del Edén se convierte en su primer gran enemigo, porque le trae como consecuencia la muerte. Luego entonces, la muerte se convierte en su segundo gran enemigo. Esa es, precisamente, la combinación fatal que el Apóstol Pablo identifica en Romanos 6:23, cuando dice: *"La paga del pecado es muerte"*. (RVR60).

Por tanto, para que nuestra redención fuera completa, Jesús tenía que vencer, tanto al pecado, como a la muerte. Y eso es finalmente lo que consigue. Con la cruz vence al pecado y con la resurrección vence a la muerte. ¡Aleluya!!

Por otra parte, la resurrección de Jesús es el hecho central de nuestra fe cristiana, a pesar de la duda y el ataque de aquellos que no la creen ni la aceptan. Desafortunadamente para estas personas, la resurrección de Jesús es uno de los hechos de fe de la Biblia que más evidencias ofrece. Esto es así, puesto que la misma Biblia confirma que Jesús se aparece resucitado en, al menos, 10 ocasiones registradas.

- A las mujeres que volvían de la tumba. (Mateo 28:8-9).
- A María Magdalena. (Juan 20:11-18).
- A los discípulos que iban a Emaús. (Lucas 24:13-35).

Estas primeras tres apariciones ocurrieron el mismo primer día de su resurrección. A éstas hay que añadir las otras apariciones que por cuarenta días Jesús estuvo realizando una vez resucitado. (Hechos 1:3). Entre todas las otras posibles apariciones se destacan las siguientes:

- A 10 de los apóstoles. (Tomás ausente). (Juan 20:19-23).
- A los 11 con Tomás presente. (Juan 20:24-29).
- A 7 de ellos junto al lago de Tiberias. (Juan 21:1-14).
- A Pedro y a Jacobo en ocasiones no determinadas, pero separadas de las apariciones a los discípulos. (1 Corintios 15:5, 7).
- A más de 500 hermanos, de los cuales muchos aún vivían cuando Pablo escribió 1 Corintios. (1 Corintios 15:6).
- Cuando asciende a los cielos. (Hechos 1:1-11).
- A Pablo, como a un "abortivo", o de forma fuera de lo normal. (1 Corintios 15:8).

Esta es evidencia fuera de toda duda de que Jesús _SÍ_ resucitó de entre los muertos. Sería un error lamentable negar la resurrección de Jesús ante tanta evidencia y tantos testigos. Sin embargo, siempre hubo gente en el pasado, y siempre habrá gente que insista en buscar evidencia de lo contrario.

Hace un tiempo leí acerca de unos arqueólogos y exploradores en Francia que se dieron a la tarea de buscar los restos de Jesús. Se dice que se trató de un ambicioso proyecto de investigación y búsqueda de evidencia científica, histórica y arqueológica.

Ellos realizaron excavaciones en distintas partes del mundo, porque encontraron que algunos historiadores habían desarrollado la teoría de que Jesús no murió en la cruz. Estas teorías proponían que Jesús pudo soportar todo aquel castigo gracias a su condición física de carpintero, que se hizo el muerto hasta que lo llevaran a la tumba, que, en efecto, sus discípulos se lo llevaron a otro lugar hasta su recuperación, y que finalmente se fue a vivir a otra parte, se casó con María Magdalena, tuvo familia, y murió de alguna enfermedad no determinada a los 54 años de edad. Estos científicos buscaron sus restos en lugares como Roma, Grecia, Antioquía y Europa.

No obstante, el proyecto de excavaciones fracasó, y fue un gran escándalo en toda la comunidad científica mundial porque, cansados de buscar por todos estos lugares y no encontrar lo que buscaban, decidieron tratar de engañar al mundo. Quisieron que, bajo soborno, unos científicos declararan que habían encontrado los huesos de Jesús en una de tantas excavaciones.

Sin embargo, uno de los científicos, que se negó a hacerlo y quien finalmente hizo público este intento de engaño, declaró lo siguiente: "En los casos de Buda, Confucio y Mahoma no tuvimos que mentir. Hemos encontrado sus huesos. Pero en el caso de Jesús, lo único que hemos encontrado es **la tumba vacía**". Como diría un buen abogado o fiscal en una sala de juzgado: "Nada más con el testigo".

Ahora bien, estos puntos que hemos tocado tienen el propósito de sostener y dar por cierta nuestra fe. Nuestra fe no es una fe vacía ni en el aire. Nuestra fe tiene como fundamento a un Cristo que murió, pero que vive. A un Cristo que fue a la tumba, pero que venció la tumba. A un Cristo a quien el pecado no pudo vencer ni la misma muerte pudo retener.

El maravilloso evento de la resurrección de Jesús estuvo acompañado de evidencias sólidas y contundentes que establecen, sin lugar a dudas, de que dicho evento ciertamente ocurrió. Desde luego, la resurrección del Señor no estuvo acompañada solamente de toda esta evidencia, sino que también estuvo acompañada de enseñanzas y verdades bíblicas que son pertinentes y sumamente importantes para nuestra vida actual. Son enseñanzas y verdades bíblicas que nos sirven para llevar una vida cristiana tan sólida y firme como lo es la resurrección de Cristo.

1. Ciertamente podemos confiar y creer en Jesús.

Usted estará de acuerdo conmigo en que, si alguien nos cumple una promesa, ese alguien es digno de nuestra confianza. En ese sentido, podemos confiar en Jesús, puesto que Jesús cumplió lo que prometió. Él prometió que se levantaría al tercer día, ¡y lo hizo!! Jesús prometió que vencería a la muerte, algo nunca antes logrado por nadie, ¡y Él lo logró! Solo Jesús ha sido el primero y el único que lo ha hecho.

Por cierto, hay quienes pudieran tener dudas en ese sentido, puesto que otras personas en la Biblia también volvieron a la vida después de muertos. De hecho, Jesús mismo realizó ese tipo de milagros. Sin embargo, lo correcto sería decir que todas esas personas realmente revivieron. A esos actos milagrosos de volver a la vida que encontramos en la Palabra de Dios no podemos llamarlo resucitar, sino revivir. Todos ellos revivieron; no resucitaron. La resurrección, en cambio, es algo muy distinto. La resurrección contempla otras consideraciones muy particulares.

La resurrección implica un estado de vida permanente. Todas las personas que revivieron en los casos registrados en las Escrituras volvieron a morir en algún momento.

Sin embargo, en el caso único y excepcional de Jesús, Él es el primero y el único que realmente ha resucitado. Jesús es el primero y el único que realmente ha resucitado porque en Él se observan todas las características de una verdadera resurrección. Jesús murió por nuestros pecados, volvió a la vida, y no ha muerto, ni morirá jamás. ¡Aleluya!!

Esta es la razón por la que también la Palabra de Dios afirma en 1 Corintios 15:20 que Jesús es hecho *"primicia de los que durmieron"* mediante su resurrección. Cristo es el único, hasta ahora, quien ha resucitado de entre los muertos.

Luego entonces, si Jesús prometió y cumplió algo tan increíble e imposible, ¿no cree usted que TODO lo demás que dijo es cierto? ¿No cree usted que TODO lo demás que prometió también lo cumplirá? ¿Por qué hay, entonces, quienes no creen que Jesús sea Dios?

Definitivamente la resurrección de Jesús nos demuestra claramente que Jesús es Dios, puesto que SOLO DIOS es capaz de vencer la muerte. ¡Aleluya!! Ahora bien, desafortunadamente hay muchas personas, inclusive muchos de nosotros, que vivimos como si esas promesas no existieran. Peor aún, vivimos como si Jesús no fuera capaz de cumplirlas.

- Si Él dijo: *"Venid a mí todos los que estáis trabajados y cargados y yo os haré descansar"*, (Mateo 11:28), ¿por qué preferimos seguir llevando nosotros la carga? ¿Qué es aquello que ahora mismo lo está cargando de tristeza, de temor, de preocupación, de ansiedad? Sepa que no importa como se llame su carga, Cristo prometió hacerlo descansar de esa carga. ¿Por qué no le entrega usted su carga o su problema a Jesús? ¿Qué hace cargando el problema que Cristo prometió llevar por usted? El Cristo que pudo vencer la muerte, ciertamente también puede con su problema.

- Si Él dijo: *"Buscad primeramente el Reino de Dios y su justicia y todas las demás cosas os serán añadidas"*, (Mateo 6:33), ¿por qué buscamos primero las añadiduras y después, si acaso, buscamos a Dios? ¿Por qué insistimos en cambiar el orden de bendición que Dios mismo estableció? Lo cierto es que no encontraremos la bendición de Dios sin buscar primero al Dios de la bendición. Busque primero a Dios. La bendición vendrá después. Él no miente. En Él sí se puede confiar. Si usted cumple con este orden, el Cristo que pudo vencer la muerte también le bendecirá.

- Si Él dijo: *"Vendré otra vez y os tomaré a mí mismo, para que donde yo estoy vosotros también estéis"*, (Juan 14:3),

¿por qué a veces dudamos de Su Segunda Venida? Peor aún, ¿por qué a veces nuestra manera de vivir es tal y como si Cristo no fuera a venir nunca? Jesús resucitó. Está comprobado. Lo prometió. Dijo que lo haría y lo hizo. También dijo que volvería. También lo prometió. ¿Qué nos hace pensar que no cumplirá esa promesa? Jesús prometió vencer la muerte para darnos vida, ¡y lo cumplió! Tenga por seguro que de igual forma cumplirá su promesa de volver por su pueblo redimido.

Esto debe hacernos pensar en otra enseñanza de la resurrección.

2. El Cristo que promete es también el Cristo que advierte.

En Mateo 25:13 Jesús advierte que velemos. Pero, ¿qué significa velar? Velar no es otra cosa que cuidar la salvación que Él compró para nosotros a precio de sangre. No obstante, velar y cuidar implica que, si no velamos o cuidamos nuestra salvación, la podemos perder.

¡Un momento!, dirán algunos. ¿Cómo es esto posible? Si Cristo ya logró algo tan extraordinario y maravilloso en la cruz, ¿cómo es posible que tal cosa se pueda perder?

¿Acaso es que lo que Dios hace no permanece para siempre? Todo esto lo que quiere decir es que, en el proceso de recibir lo que Jesús promete, hay algo que a nosotros nos toca hacer.

Por medio de Jesucristo, El Padre establece un pacto con los hombres. Con el sacrificio vicario de Cristo en la cruz se establece, como el mismo Jesús dijo, *"el nuevo pacto en mi sangre, que por vosotros se derrama"*. (Lucas 22:20). (RVR60). Y, como en todos los pactos, se establece un compromiso a cumplir por las partes implicadas en ese pacto. Una parte arrienda, la otra parte paga. Así es como funciona, ¿cierto?

En el pacto con Dios sucede exactamente igual. Dios obrará en nuestro favor si somos fieles. Dios nos bendecirá si lo buscamos. Dios hace su parte, pero usted tiene que hacer la suya. De otro modo, Jesús no hubiera tenido que advertirnos al respecto. La advertencia de Mateo 25:13 no tendría razón de ser. ¿Para qué velar y cuidar una salvación que, de todas maneras, está segura? Cristo compró la salvación con su sangre en la cruz, y a todo aquel que la reciba, Él la pondrá en sus manos. De ahí en adelante nos corresponde a nosotros cuidarla, como dice el Apóstol Pablo en Filipenses 2:12, ocupándonos en nuestra salvación *"con temor y temblor"*.

En esto consiste la advertencia de Jesús. En esto consiste nuestra parte del pacto. Esta verdad bíblica considera, desde luego, otra importante enseñanza que nos trae la resurrección.

3. Para recibir las promesas de Jesús hay que cumplir con unos requisitos.

Le pregunto, ¿cuáles cree usted que puedan ser esos requisitos? ¿Se daría usted a la tarea de enumerarlos en una lista? ¿Qué tal si le digo que Jesús simplificó esa tarea para nosotros? El mismo Jesús dijo en Mateo 11:30: *"porque mi su yugo es fácil, y ligera mi carga"*. ¿Qué tal si le digo que solamente hay un único requisito para recibir las promesas de Dios?

En una ocasión una hermana de la iglesia comentó en una clase bíblica que el abecedario de Dios solamente consta de cuatro letras, y curiosamente, en esas cuatro letras se encierran todos los requisitos posibles que Dios pudiera pedirnos cumplir. Las cuatro letras del abecedario de Dios, como lo llamó nuestra hermana son: O, B, D y C.

Las cuatro letras del abecedario de Dios nos indican ese único requisito a cumplir: **Obediencia.**

El requisito de Dios, si lo consideramos desde nuestra perspectiva humana no parece ser muy simple, sin embargo, desde la óptica espiritual no parece ser muy complicado.

- Si usted obedece, y procura obtener, velar y cuidar su salvación, Jesús promete llevarlo consigo a Su morada de paz.
- Si usted obedece, y busca primeramente el Reino de Dios y su justicia, Dios derramará sobre usted bendición hasta que sobreabunde.
- Si usted obedece, y entrega sus cargas y sus problemas a Jesús, Él lo hará descansar.

¿Qué parte de todo esto es imposible de entender? ¿Lo quiere más fácil? ¿Todavía lo duda? Permítame compartir con usted otra enseñanza de la resurrección que estoy seguro que lo convencerá.

4. El "pero" de Dios.

Volvamos al pasaje de Marcos 16:1-6. El pasaje menciona que las mujeres se habían preparado para ir al sepulcro a ungir el cuerpo del Señor. Hasta ahí todo parecía estar bien. Sin embargo, el "pero" de Marcos 16:3 nos indica que había en ellas la duda y la preocupación de quién les removería la piedra del sepulcro.

Ahora bien, Marcos 16:4 también comienza con la misma palabra, lo que me hace pensar que esa palabra "pero" es una palabra mágica. Una vez aprendí de un viejo pastor que cuando usted ve en cualquier escrito o escucha en cualquier conversación la palabra "pero", esto le indica o le da una señal de que sucedió o está sucediendo algo inesperado. Algo distinto o contrario a la línea de pensamiento que se establece en el escrito o la conversación. Algo que cambia la tónica de la situación.

Seamos razonables. Esta duda de las mujeres era, sin duda, una duda justificada. (Perdonen la redundancia). La piedra era muy pesada, y seguramente ellas no tendrían las fuerzas suficientes para moverla.

Recordemos además, que estas mujeres no habían tenido, digamos, un buen fin de semana. Estas mujeres habían sufrido una gran pérdida hace solo un par de días. Todavía podían estar aturdidas por el impacto emocional de ser testigos de la muerte tan horrenda, atroz, vil e injusta del Maestro que tanto amaban. Seguramente también sufrieron físicamente los golpes y empujones de la multitud, y hasta uno que otro latigazo de los soldados romanos el día de la crucifixión de Jesús. Lo que seguramente era cierto debió ser que pasaron el peor fin de semana de sus vidas.

Yo me las imagino llorando, sumidas en una depresión muy severa. Y, por supuesto, también tenían dudas. ¿Acaso no las tendría usted?

No obstante, la única duda que registra el pasaje es aquella relacionada a la remoción de la piedra del sepulcro. Pero, (y aquí hay otro pero) debe quedar claro que esta duda no era una duda de fe. Estas mujeres tenían una preocupación válida y genuina.

Sin embargo, a pesar de todo lo que tuvieron que sufrir, y a pesar de todo lo que estas mujeres tuvieron que enfrentar durante la crucifixión de Jesús, estas mujeres estaban en la disposición de servir, y seguir sirviendo a Jesús. Estas mujeres, a pesar de que estaban tristes, y que seguramente sus lágrimas se mezclaron con las especias aromáticas mientras las preparaban, habían entendido su compromiso de obediencia. Ellas enfrentaban toda una acumulación de preocupaciones y dudas, pero en sus corazones estaba grabado el abecedario de Dios.

Es por eso que el "pero" de Marcos 16:4 se convierte en el "pero" de Dios. El "pero" de Dios nos dice que algo va a pasar. Implica algo distinto a lo que hasta ese momento estas mujeres habían experimentado, e implica que algo distinto también va a ocurrir en medio de tu circunstancia difícil.

El "pero" de Dios en Marcos 16:4 anticipaba una gran sorpresa para estas mujeres, y te anticipa igualmente una gran sorpresa en medio de tu problema o dificultad. El "pero" de Dios en Marcos 16:4 nos asegura que el Cristo que venció la muerte es también capaz de superar nuestras expectativas.

Estas mujeres habían identificado un problema. Para ungir el cuerpo de Jesús era necesario remover la piedra. Ellas tal vez irían pensando en las mil y una formas de removerla. Tal vez irían pensando en quiénes les ayudarían a hacerlo. Sin embargo, sus expectativas fueron superadas, aun cuando al momento ellas no lo sabían. El Dios que venció la muerte no sólo removió la piedra, sino que lo hizo antes de que ellas llegaran. Cuando ellas llegaron, ¡ya la piedra no estaba! ¡Ya el problema había sido quitado!!!

Con el "pero" de Dios no hay "pero" que valga. Si servimos a Jesús, aún a pesar de nuestras pocas fuerzas, a pesar de nuestras dudas, a pesar de todo lo que hayamos pasado y a pesar de la situación que nos rodee, ¡Jesús estará listo para servirnos! Jesús estará listo para remover cualquier piedra en nuestro camino o en nuestra vida. ¡Aleluya!!!

Ahora bien, como si todo esto fuera poco, esta enseñanza contiene a su vez otra poderosa enseñanza.

5. Dios hace, nosotros vemos.

Si leemos bien todos los pasajes de los evangelios que narran la resurrección, notaremos que en ninguno de ellos menciona que el ángel removió la piedra para que Jesús saliera de la tumba. La piedra fue quitada con un propósito especial. La piedra fue quitada *"para que las mujeres vieran"*. Ellas *vieron* la piedra removida, (Marcos 16:4), y *vieron* a un joven vestido de ropas blancas sentado al lado derecho del sepulcro, (Marcos 16:5), y *vieron* que el cuerpo de Jesús no estaba allí. (Marcos 16:6).

Esto tiene un significado especial para nosotros hoy.

- Dios no necesita quitar la piedra para <u>demostrar</u> que Él es Dios. Él quita la piedra para que TÚ <u>veas</u> que Él es Dios.
- Él no necesita demostrar lo que Él puede hacer por ti. Eres tú quien necesita creerlo.
- Dios tiene muy clara y definida su identidad. Él es Dios. ¿Lo sabes tú?
- Dios conoce muy bien de lo que Él es capaz. ¿Conoces tú lo que Dios es capaz de hacer? ¿Le has dado la oportunidad para que lo haga?
- La piedra removida nos permite ver que la promesa de la resurrección es cierta, y que es nuestra.

Las mujeres venían a ungir un cuerpo muerto. En cambio, Dios superó todas sus expectativas. No sólo les removió la piedra (lo cual era su mayor preocupación), sino que permitió que ellas pudieran ahorrarse sus especias aromáticas. Lo mejor, sin embargo, fue que permitió que ellas pudieran ver lo asombroso de Dios, y que así fueran testigos del Dios de lo asombroso. Ellas salieron de aquel lugar con la gran noticia que el cuerpo del Jesús que ellas venían a ungir ya no estaba allí. ¡Jesús estaba vivo! ¡Había resucitado! ¡Qué alegría tan inmensa! ¡Todo esto era mucho más de lo que ellas hubiesen esperado!

Sin embargo, la resurrección trae otra enseñanza. Una enseñanza que, además, es una triste y desafortunada realidad.

6. La cara triste de la resurrección.

Luce como una gran contradicción el hecho de que, mientras las mujeres estaban llenas de gozo y júbilo por haber recibido la noticia de la resurrección de Jesús, había en algún lugar de Israel 11 hombres que no podían sentir lo mismo. Había 11 hombres que experimentaban el intenso dolor de haber perdido una relación que había sido buena. Estaban sumergidos en la profunda soledad de haber perdido a Jesús.

Y, créame, no tener a Jesús es una catástrofe. Pero haberlo tenido y perderlo es la mayor de las desgracias. Estos hombres, los que una vez habían caminado con Jesús, habían visto sus milagros y habían gozado de su presencia, vivían ahora en esta condición porque no habían recibido en sus vidas la noticia de la resurrección. Al igual que para muchos hoy, a estos hombres no les había nacido el Sol de justicia. (Malaquías 4:2). No saltaban de alegría como becerros de la manada. No experimentaban el gozo de la resurrección del Señor.

Esta es una de las enseñanzas más importantes de la resurrección: Solo la presencia del Cristo resucitado en la vida del hombre puede cambiar su panorama triste. No hay paz ni gozo en la vida del hombre que no ha recibido la noticia de la resurrección del Cristo que murió por él. Cristo llegó hasta la cruz, pero no se quedó allí. Llegó hasta la tumba, pero no se quedó allí. No está en la cruz. No está en la tumba. Él está vivo. ¡Está aquí y ahora!!

La gran noticia de la resurrección es que Cristo vive. ¿Insistes en quedarte en la cruz donde Jesús llevó tu pecado? ¿Insistes en quedarte en la tumba donde Cristo enterró el pecado de todos nosotros y donde reina la muerte?

¿O, en cambio, quieres recibir la noticia de que Cristo ha resucitado, ha vencido al pecado y a la muerte y quiere traer gozo y paz a tu vida?

Con Dios no hay "pero" que valga". La cruz está llena de Su sangre. La piedra del sepulcro ha sido removida y la tumba está vacía. Nada te impide acercarte a Dios, entregarle tu vida y resucitar a una nueva vida con Cristo.

Creo que no tengo nada más que decirte…

CUANDO NUESTRO PECHO ARDE

Lectura: Lucas 24:13-35

La resurrección de Cristo es el hecho central de nuestra fe cristiana. Gracias a que Cristo no se quedó en la tumba, hoy nuestra fe descansa en una base firme y sólida. Hoy podemos creer en todo lo que Jesús dijo, sus enseñanzas y sus promesas, porque por medio de Su resurrección demostró que en Él se puede confiar.

Él resucitó, y vive. Vive para ser La Roca. La Roca donde descansa nuestra fe. La Roca donde descansa su iglesia. La resurrección de Cristo nos dice que, por cuanto Él hizo todo lo que dijo que haría, Él hará todo lo que dijo que iba a hacer.

En la tumba no quedó su cuerpo.

- Quedaron nuestras dudas.
- Quedó el aguijón de la muerte.
- Quedó el vacío propio de una deuda saldada.

Tristemente, como podemos apreciar en este pasaje, todavía hay personas que viven sin esta esperanza. Todavía hay gente que vive como si Cristo no hubiera muerto por ellos.

El caso todavía es aún peor.

- Todavía hay gente que vive como si Cristo todavía estuviera en la tumba.
- Todavía hay gente que vive con una esperanza muerta.
- Todavía hay gente que vive sin el Cristo que vive y reina para siempre.

Me resulta interesante que este pasaje muestra a unos discípulos que, en aquel momento, asumieron la misma actitud que muchas personas asumen en nuestros tiempos con respecto a la resurrección de Cristo y al Cristo resucitado. ¿Será que Dios quiere decirnos algo en ese sentido? ¿Será que hay algo en este pasaje con respecto a la resurrección de Jesús que hoy nosotros debemos aprender? ¿Cuáles son esas lecciones?

Le invito a que las identifiquemos. Venga conmigo. Vamos juntos a Emaús.

1. No creer en la resurrección de Jesús es sumamente peligroso.

Era evidente que estos 2 discípulos no creyeron en el anuncio de las mujeres. Lucas 24:11 nos dice que *"a ellos les parecían locura las palabras de ellas, y no las creyeron"*. No se trató solamente de no creer a las palabras de unas mujeres que habían sido testigos de la resurrección de Cristo, sino que incluso pensaron que ellas se habían vuelto locas.

Sin embargo, la Biblia nos dice en Mateo 28:9 que estas mujeres no sólo lo vieron sino que incluso abrazaron sus pies y le adoraron. No sólo lo vieron, sino que lo tocaron.

No hay una evidencia más contundente en un tribunal que aquella que se presenta por medio de un testigo presencial. Es sumamente difícil refutar un testimonio como este. Cualquier defensa ante esto quedaría dentro del plano subjetivo. Cuando alguien dice que vio, es un señalamiento objetivo. La persona observó.

Aún así, ellos no les creyeron. Como dato curioso, una de esas mujeres era precisamente la esposa de uno de estos 2 discípulos. Por tanto, no se trataba del testimonio de personas desconocidas. Para Cleofas, quien era uno de estos 2 discípulos incrédulos (v.18), era su propia esposa quien le estaba anunciando la resurrección de Jesús.

María, la mujer de Cleofas, fue una de las mujeres que permanecieron al pie de la cruz durante la crucifixión de Jesús (Juan 19:25). Además, ella fue seguramente una de las mujeres que estaban sentadas delante del sepulcro cuando Jesús fue sepultado. (Mateo 27:61 se refiere a ella como "la otra María"). Por si fuera poco, esa "otra María" fue una de las mujeres que salieron de madrugada a ungir el cuerpo de Cristo. (Mateo 28:1).

Dudo mucho que Cleofas no supiera dónde estuvo su mujer ese fin de semana. Por tanto, debió saber que su mujer era una fuente de información confiable. No obstante, no le creyó.

A mucha gente le sucede lo mismo. No creen en lo que decimos, en lo que creemos, en lo que predicamos de Jesús. Tal vez porque no nos conocen. Tal vez porque no fuimos testigos presenciales de esa resurrección. Sin embargo, somos testigos circunstanciales.

El efecto de la resurrección de Cristo se hace evidente en todo aquel que la cree y la experimenta. Los testimonios los tenemos.

- Nadie puede refutar la obra de Dios en un hombre que antes era un alcohólico, o un drogadicto, y ahora es un hombre transformado por el poder del Espíritu Santo.
- Nadie puede refutar cuando tenemos testimonios comprobados científicamente de personas sanadas de cáncer, de sida, o de personas que hoy en día caminan por sus propios pies luego de estar condenados a una cama o a una silla de ruedas.
- Nadie puede refutar los resultados de la oración de fe, hecha por un hombre o una mujer, que hoy ven sus hijos salvos por la gracia del Padre.

La ciencia médica ha confirmado la eficacia de la fe y la oración en el tratamiento de las enfermedades. Eso sólo lo puede hacer un Cristo vivo. Un Cristo resucitado. ¿Quién dijo que no somos testigos de la resurrección de Cristo? Los milagros lo confirman, y los milagros siguen ocurriendo hoy.

Para los discípulos de Emaús, la resurrección de Jesús fue una locura. Pero no tan sólo era una locura. Note bien la connotación con la que ellos se expresan en Lucas 24:23. Si lo leemos cuidadosamente, pareciera que ellos están insinuando que la resurrección de Cristo fue producto de la imaginación de las mujeres al no encontrar su cuerpo.

Esta actitud no debe sorprendernos. Todavía hoy, muchas personas piensan que la resurrección de Jesús es un invento de la religión. Es una lástima que piensen de esa manera. No sólo porque la resurrección de Jesús es uno de los eventos de la historia y de las Escrituras que más evidencias ofrece, sino porque, al no creer en la resurrección de Jesús, no se dan cuenta de que están en un inminente peligro.

Según el pasaje, podemos observar que estos discípulos incrédulos estuvieron presentes en el momento que estas mujeres ofrecieron su testimonio.

No obstante, hay un dato de este testimonio de las mujeres que el evangelio de Lucas no ofrece.

En Mateo 28:5-7, la Palabra los indica que un ángel apareció a las mujeres y les indicó que Jesús había resucitado. Luego, les mostró el lugar donde le habían puesto. Recordemos que algunas de ellas estuvieron presentes cuando lo sepultaron, y vieron dónde y cómo lo habían colocado (Marcos 15:47).

Tan pronto el ángel se aseguró de que ellas no tenían dudas de lo que veían, les instruyó a que dijesen a los discípulos que fueran a Galilea para que se encontrasen con Jesús.

Por si esto no fuera suficiente, el mismo Jesús se les aparece a estas mujeres. Ellas se postraron a sus pies y lo adoraron. Finalmente, Jesús mismo les repite las mismas instrucciones que recibieron del ángel (Mateo 28:10). Mateo 28:16 nos dice que los 11 discípulos se fueron a Galilea, obedeciendo el mensaje.

¿Qué hicieron estos 2 discípulos? No obedecieron el mensaje. En lugar de salir junto con los demás a Galilea a encontrarse con Jesús, tomaron una ruta equivocada.

Ellos se fueron a Emaús. ¿Por qué, si ellos no fueron enviados allá? Esa no fue la orden.

Esto nos enseña que hay un gran peligro para aquellos que no escuchan ni obedecen el mensaje de la resurrección.

- No obedecer el mensaje nos coloca en la dirección contraria al encuentro con Jesús.
- No creer en la resurrección de Jesús nos llevará a otro destino, muy distinto al lugar donde Jesús nos espera.

La incredulidad trae desobediencia. Y la desobediencia es pecado. Es por eso que no creer en la resurrección de Jesús es sumamente peligroso. El pecado nos aparta totalmente del camino, y nos lleva por otro camino.

El camino que hoy llevas, ¿te lleva a Jesús?

2. No creer en la resurrección es vivir sin esperanza.

Lucas 24:21 es un reflejo claro de la sensación de derrota y frustración que vivían estos discípulos. Es evidente que estos discípulos tenían otras expectativas. "Ellos esperaban" que Jesús hiciera lo que ellos entendían que debió haber hecho.

Jesús era varón profeta, poderoso en obra y en palabra. Para ellos, Jesús era el indicado para cumplir con sus propósitos. Sin embargo, para ellos, Jesús estaba muerto.

Y si Jesús estaba muerto, también sus esperanzas estaban igualmente muertas. Pensar que Jesús no es lo que necesitamos, que Jesús no cumple nuestras expectativas, es vivir dentro del sepulcro. No obstante, el patético cuadro que presentaban estos discípulos era mucho más triste.

Era mucho más triste por 2 razones. Primeramente, no es posible pretender que Cristo habrá de ajustarse a nuestra voluntad. Por el contrario, es necesario que nosotros ajustemos nuestras expectativas a la voluntad de Cristo.

- Cristo es el poderoso.
- Él es quien venció la muerte.
- Es Cristo quien da sentido y seguridad a nuestras esperanzas.
- Es a Él a quien debemos seguir.
- Es a su encuentro hacia donde debemos caminar.
- No podemos cambiar el camino.
- El camino es hacia Él.
- El camino es Él.

Por otra parte, no tenemos por qué pensar que nuestras esperanzas han muerto. Cristo está vivo. Ha resucitado. Sus promesas están vivas. Su resurrección las ha confirmado. Lo que desafortunadamente ocurre es que muchas veces nuestras esperanzas están fundamentadas en otra cosa.

Muchas de nuestras esperanzas no están alineadas con la verdad de la resurrección de Cristo. ¡He ahí un gran peligro! No poner nuestras esperanzas y nuestras expectativas en línea con las expectativas de Dios es tener ilusiones muertas. Es permanecer en la tumba. Es creer que Cristo sigue muerto.

¿Está puesta tu esperanza en tus propias expectativas, o están puestas en la expectativa de Dios? ¿Están puestas en tus ilusiones muertas, o en el Cristo resucitado?

3. No creer en la resurrección es no trascender en la visión.

Resulta interesante considerar lo que nos menciona Lucas 24:16. Los ojos de estos discípulos estaban velados para que no reconociesen a Jesús. Tenían un velo. ¿Por qué? ¿Era acaso parte de una broma? ¿Qué propósito pudo haber tenido Jesús con esta acción?

Pienso que aquí hay varios propósitos prácticos para nuestra vida. En primer lugar, podemos identificar que estos discípulos tenían una visión muy limitada de lo que representaba la resurrección de Jesús. Lucas 24:11 nos dice que ellos no creyeron que Jesús había resucitado, por tanto, la resurrección de Jesús no estaba tan siquiera contemplada. No era parte de su visión.

Muchas veces nosotros no vemos todas las cosas que el Cristo resucitado puede hacer por nosotros, simplemente porque no somos capaces de creerlas.

En ese sentido, pienso que no fue precisamente Jesús quien puso un velo en los ojos de estos discípulos. Al contrario. Jesús desgarra los velos que te impiden llegar a Él. Yo pienso que los ojos de estos hombres estaban velados por su propia incredulidad. Ellos no estaban listos para comprender lo que la resurrección de Jesús representaba porque, en primer lugar, no la creían. Su nivel de fe estaba fundamentado en lo que ellos podían ver con sus ojos carnales, y en lo que ellos podían comprender en sus limitadas mentes. Lucas 24:24 nos da a entender que no podían creer en la resurrección de Cristo porque los discípulos que fueron al sepulcro no lo vieron. Si no lo veían, no eran capaces de creerlo.

A nosotros, muchas veces, nos sucede lo mismo. No somos capaces de creer, a menos que veamos. Nuestro nivel de visión espiritual está limitado a los que podemos ver y comprender. Muchas veces está limitado a nuestra lógica humana.

Desafortunadamente, si esta es nuestra actitud, la conclusión lógica es simple. Si insistimos en permanecer viendo lo natural, no veremos nunca lo sobrenatural.

Si insistimos en creer únicamente lo que vemos, no trascenderemos al nivel de visión que Dios espera de nosotros. Los discípulos de Emaús no reconocieron al Cristo resucitado porque no creyeron en el Cristo resucitado. Este es, sin duda, un cuadro triste, patético y deprimente.

Pero no todo está perdido. Todavía hay esperanza. Yo lo creo. Y lo creo porque Cristo resucitó. Cristo está vivo. Y porque Él está vivo, también está viva la esperanza.

El pasaje nos demuestra que cambiar esta actitud, cambiar la visión, y creer en la resurrección es posible. Pero no tan sólo posible, sino que:

- Creer en la resurrección es lo mejor que podemos hacer.
- Creer en la resurrección es no creerle a la muerte.
- Creer en la resurrección es creerle a la vida.

En primer lugar, es importante notar que, aunque estos discípulos tomaron el camino equivocado, Jesús se acercó a ellos. Aunque tomemos un camino que nos aleja de Dios, Cristo siempre sale a nuestro encuentro. Jesús siempre sale a buscarnos. ¡Qué extraordinaria y maravillosa es la misericordia de Dios!

Jesús salió al encuentro de estos hombres. Entonces, cuando estos hombres le declaran su frustración y su derrota, Jesús comienza a presentarles todo lo que las Escrituras decían de Él. Ellos le declararon todas sus necesidades. Jesús les declaró todo lo que Él tiene para satisfacerlas. Ellos le mostraron su vacío. Jesús les mostró todo lo que Él tiene para llenarlo.

Jesús todavía sigue mostrando evidencia de su poder, de su naturaleza y de su amor.

- Todavía Dios sigue haciendo milagros.
- Todavía Dios sigue superando nuestras expectativas.
- Todavía Dios sigue transformando la vida del hombre.
- Todavía Dios sigue demostrando que Él está vivo.

Es la revelación de Jesús en la vida del hombre lo que hace que sus ojos sean abiertos. Eso fue lo que sucedió con estos discípulos. Ellos pudieron reconocerle cuando Jesús se hizo evidente en sus vidas. Pero este reconocimiento fue posible solamente cuando ellos estuvieron listos. No fue hasta que Jesús se reveló a sus vidas por medio de las Escrituras que ellos fueron igualmente testigos de la resurrección.

Pero ellos tuvieron que hacer su parte. En primer lugar, era necesario que ellos le pidieran a Jesús que se quedara con ellos. Si nosotros no invitamos a Cristo a nuestra vida, no seremos testigos de la resurrección. Es necesario tener una experiencia personal con Cristo para poder comprender su resurrección.

Lucas 24:31 nos dice que sus ojos fueron abiertos. Pero, note bien que sus ojos fueron abiertos una vez que ellos invitan a Jesús a quedarse con ellos, y una vez que ellos comparten con Jesús en la mesa. Si ellos no invitan a Jesús a sus vidas, si no procuran tener comunión en la mesa con El, sus ojos no hubieran sido abiertos. Sus ojos fueron abiertos cuando estuvieron listos para comprender la resurrección de Cristo a un nivel de fe superior.

Por tanto:

- Es creyendo, no viendo, que estaremos listos. Es creyendo que nuestros ojos serán abiertos.
- Serán abiertos para ver lo sobrenatural, Jesús tiene que estar en nuestra vida.
- Pero, para ver lo sobrenatural, Jesús tiene que estar en nuestra mesa.
- Para poder entender que las expectativas de Dios son superiores y mejores que nuestras expectativas, es necesario ver cómo Jesús parte el pan.

Es entonces que en la vida de estos discípulos comenzó a ocurrir algo realmente hermoso. Lucas 24:32 nos menciona que estos hombres comenzaron a experimentar algo que no habían experimentado antes.

Jesús había desaparecido nuevamente de su vista, sin embargo, ahora eso no tenía importancia. No era necesario que lo vieran con sus ojos. Ya ellos estaban a otro nivel. Ahora sus ojos podían ver y creer lo que antes habían escuchado y no habían creído. Pero más que eso, ahora su pecho estaba vivo. Sus esperanzas habían vuelto a la vida. Sus corazones ardían. No buscaban explicación a lo que sentían. Simplemente lo experimentaban. Lo vivían.

A partir de ese momento, surge una nueva actitud en estos discípulos.

- Ahora creían, aunque no vieran.
- Ahora obedecerían, regresando al punto en sus vidas de donde nunca debieron apartarse.
- Ahora buscarían el camino que los llevaría al encuentro con Jesús.
- Ahora están dispuestos a testificar.

Estos discípulos nos presentan ahora la actitud de todo aquel que es testigo de la resurrección y sus efectos.

Estos discípulos nos presentan ahora qué es lo que sucede cuando nuestro pecho arde.

La escena vuelve hoy a repetirse. Los discípulos salieron de Emaús al encuentro de Jesús. Para ellos la hora de la noche no importaba. Cualquier hora es buena para regresar. Cualquier hora es buena para dejar entrar a Jesús. Cualquier hora es buena para encontrarse con Cristo.

Nosotros creemos, aunque no veamos. Nosotros no desviamos el camino. Nos mantenemos en el camino del encuentro, porque Cristo nos espera. Nosotros testificamos, aunque no nos crean.

Cristo ha salido a tu encuentro en el camino. ¿Lo dejarás entrar?

Cristo espera que lo busques. ¿Irás a su encuentro?

Cristo se ha revelado a tu vida. Hoy te ha mostrado la evidencia de Su poder. ¿Acaso no arde también tu pecho?

Jesús está vivo. ¿Quieres creerle?

196

VICTORIA, SELLO Y SEGURIDAD

Lectura: 1 Corintios 15:3-8

Nosotros sabemos que la resurrección de Cristo es el evento central de nuestra fe cristiana. De hecho, la resurrección de Cristo es el evento bíblico más seguro, por la cantidad de testigos que afirmaron que así ocurrió. A esto, el Apóstol Pablo establece en 1 Corintios 15:14 lo siguiente:

"Y si Cristo no resucitó, vana es entonces nuestra predicación, vana es también nuestra fe". (RVR60).

En otras palabras, por cuanto Cristo sí resucitó de entre los muertos, entonces nuestra fe y nuestra predicación tienen un fundamento firme y seguro. La resurrección de Cristo sella y confirma nuestra fe y nuestra predicación.

Es por eso que hoy podemos decir que Cristo venció y vive para siempre. Y porque Cristo venció y vive para siempre, también podemos decir que nuestra salvación es también segura.

Como podemos ver, la resurrección de Cristo tiene que ver con victoria, con sello de confirmación, y con seguridad. Y cada uno de estos 3 elementos representa un enfoque de apreciación del evento de la resurrección.

A mí me gustaría, entonces, identificar algunas verdades bíblicas sobre la resurrección de Cristo que tienen que ver directamente con estos 3 enfoques especiales.

Veamos el primero de ellos.

1. La resurrección de Cristo es símbolo de victoria.

Por medio de la resurrección, decimos y creemos que Jesús venció la muerte. Es importante que recordemos que el pecado y la muerte se convirtieron en enemigos del hombre desde su caída en el Jardín del Edén. Por tanto, era necesario que el plan de Dios para el hombre incluyera la derrota de estos 2 enemigos. Y Jesús lo logró. Con la cruz venció el pecado y con la resurrección venció la muerte.

Ahora bien, es necesario que seamos un poco más específicos sobre estos datos. El pecado destruyó en el hombre aquella imagen de Dios con la que fue creado inicialmente. El pecado provocó una desintegración en ese elemento de unidad de los 3 componentes con los que el hombre fue formado, (espíritu, alma y cuerpo), y lo separó del Dios que lo había creado.

Siendo así, el hombre permanecería vivo hasta que tuviera que pagar por su pecado, esto es, hasta que la muerte llegara.

La muerte, entonces, provocaría la separación total de estos 3 componentes, quedando el cuerpo separado de su espíritu y de su alma. El cuerpo iría a la tierra y se haría polvo. El espíritu, el aliento de vida, regresaría al Padre, y el alma... El alma. ¡Un momento! ¡El alma! ¿Qué pasaría con el alma?

Recuerde que en el principio no había Paraíso o Hades. No era necesario disponer de un lugar para que el alma regresara una vez el cuerpo muriera, ¡porque ni siquiera la muerte existía! Por tanto, al alma había que salvarla. Era necesario rescatarla. Entonces, había que trabajar en un plan. Pero el plan no podía ser solamente para rescatar el alma. El plan tenía que ser más completo. ¿Para qué salvar el alma solamente, si se podía salvar al hombre completo? ¡Era necesario salvar al hombre completo!

Lo primero que hizo el plan fue identificar los enemigos. Una vez identificados estos enemigos, el plan se concentraría en derrotar a ambos.

- El plan era, sin embargo, derrotarlos sin que tuvieran alguna posibilidad de triunfo.
- Debían ser derrotados de una vez y por todas.
- El plan tenía que ser tan bueno que ni el pecado ni la muerte pudieran obtener la victoria, una vez el hombre lo aceptara.

Entonces, Cristo vino a morir en una cruz por los pecadores. Recordemos que la muerte, además de ser enemiga del hombre, era la única manera de pagar por el pecado de desobediencia de Adán. Esa fue la advertencia. Estaba claro, entonces, que con la muerte se pagaría por el pecado. El precio a pagar era nuestra vida.

Cristo, como Hijo único de Dios, era más que suficiente para sustituir a toda la humanidad en un sacrificio igualmente único. Por tanto, la muerte de Jesús en la cruz vino a ser el sacrificio vicario, o representativo, de la muerte que debían sufrir todos los hombres. Cristo tomó, entonces, el lugar de todos los hombres. ¡Gloria a Dios!

Ahora, ¿qué? Se había derrotado al pecado, pero faltaba vencer la muerte. Pero, ¿cómo? Ya Jesús había muerto. ¿Cómo podía, estando muerto, derrotar la muerte? Bueno, pues para derrotar la muerte, lo mejor en lo que se podía pensar era en la vida. Pero en este caso, se trataba de volver a la vida. Volver a la vida todo aquello que había muerto con el pecado. Era necesaria la resurrección.

Pero esta resurrección tenía que derrotar, no sólo a la muerte, sino restaurar todo lo que se había perdido con el pecado y con la muerte. Entonces, Cristo resucitó, para que en Él se reconcilien todas las cosas. (Colosenses 1:20).

Pero no resucita de forma espiritual o moral, sino que Su resurrección también es una de forma corporal. Y era necesario que así fuera, porque de otra forma Su victoria sobre la muerte hubiera quedado incompleta.

El hombre estaba sentenciado a quedar separado en sus 3 componentes, por tanto, la resurrección tenía que representar una contundente victoria al rescate de estos mismos 3 componentes. Con la resurrección, Jesús se alza vencedor sobre la muerte espiritual, la muerte del alma y la muerte física.

2. La resurrección de Cristo es el sello de confirmación de nuestra fe.

La conquista de la muerte tenía que demostrarse por el restablecimiento de las cosas como en un principio. Jesús había muerto corporalmente en la cruz. Su resurrección tenía que ser también corporal. De otra forma, nadie hubiera creído en Jesús como todo aquello que dijo que era. ¿Cómo creerle, si murió y quedó tan muerto como todos los demás?

Por eso Jesucristo resucitó, y resucitó para sellar con broche de oro todo lo que se dijo de Él por medio de los profetas, por medio del testimonio de los hombres durante Su ministerio y por medio de Él mismo.

La resurrección demuestra que Jesús es hecho Rey, Señor y Cristo. (Hechos 2:36).

Note algo bien interesante de este pasaje de Hechos 2. Cuando Pedro se levanta a pronunciar su discurso, no se levanta de cualquier manera. Se levanta justo después de haber recibido poder por medio del Espíritu Santo. Se levanta con una unción fresca a presentar su primer mensaje apostólico. Esto establece las bases para 2 características importantes de la resurrección:

- La resurrección es un evento bíblico e histórico confirmado por el Espíritu Santo.
- La resurrección es la punta de lanza en toda la predicación apostólica.

Pero la resurrección, además de ser la demostración más extraordinaria, irrefutable e indudable del poder de Cristo, Su Divinidad y la efectividad del plan de salvación, es también el sello de garantía de lo que también nos prometió:

- Nuestras almas no serán dejadas en el Seol, ni tampoco veremos corrupción. (Salmo 16:10).
- Nos dará vida, nos resucitará y viviremos delante de Él. (Oseas 6:2).
- Si Jesús resucitó, todos los que crean en Él también resucitarán a Su gloria. (1 Tesalonicenses 4:14).

La resurrección es el evento más glorioso para la salvación y para nuestra fe. Pero, ¿sabía usted que la resurrección tiene también beneficios para nuestra vida aquí en la Tierra?

3. La resurrección es símbolo de seguridad.

Sería suficiente bendición para nosotros el reconocer que la resurrección de Cristo es símbolo de victoria y de confirmación de nuestra fe. Pero la resurrección de Cristo establece unas verdades prácticas para nuestra vida cristiana.

La resurrección de Cristo es la seguridad de que la Palabra de Dios y sus enseñanzas son fieles y verdaderas, porque son las palabras y enseñanzas del Dios que no permaneció muerto, sino que está vivo y vive para siempre. Son palabras respaldadas con poder. Poder que vence la muerte. Poder que afirma y confirma el fundamento de nuestra fe. Por eso es que la resurrección de Cristo es un símbolo de seguridad. En Dios estamos seguros porque Él lo asegura todo.

Pero la Palabra de Dios no contiene solamente palabras de seguridad para nuestro futuro, sino para nuestro presente. ¿En qué forma la resurrección de Jesús representa seguridad para nosotros hoy, mientras vivimos aquí en la Tierra?

Comencemos contestando esa pregunta con otra pregunta. Ya que hablamos de seguridad, ¿qué cosas nos causan inseguridad en la Tierra?

Hay muchas cosas que nos causan inseguridad, pero todas ellas las podemos resumir en 4 temores fundamentales:

- La mentira.
- La maldad.
- El odio.
- La muerte.

Veamos, entonces, cómo la resurrección de Cristo nos brinda seguridad ante estos 4 temores del hombre.

1. El remedio contra la mentira: La Verdad.

La Biblia nos demuestra, particularmente en los evangelios, que a Jesús procuraban matarle por decir la verdad. Desde entonces, comenzó un forcejeo entre las enseñanzas de Jesús y las doctrinas legalistas de los líderes religiosos del momento, quienes insistían en mantener su dominio sobre el pueblo.

Por tanto, estos líderes religiosos procuraban matar a Jesús para poner fin a la contienda y salir vencedores.

Capturaron a Jesús, lo crucificaron y lo enterraron, pensando que así habían triunfado. Seguramente así lo pensaron, pero su aparente victoria sólo les duró dos días. Al tercer día, Jesús impuso su verdad por sobre todos ellos. La resurrección demostró sin lugar a dudas quién había dicho la verdad.

Esta demostración trae a nuestras vidas una gran esperanza. Cuando hablamos de la mentira, estamos hablando de la más primitiva y dolorosa expresión de injusticia. ¡Cómo duele una mentira! Ahora, también sabemos que la verdad siempre triunfa. La verdad es como una luz que revela la certeza de las cosas.

No importa, entonces, que nos critiquen, nos persigan o digan toda clase de mal contra nosotros, mintiendo. (Mateo 5:11). Nuestra verdad brillará como sol de mediodía. La verdad no nos dejará en vergüenza.

Conviene, entonces, que nos mantengamos en la verdad. Conviene que nos mantengamos viviendo correctamente y de acuerdo a la verdad de las Escrituras.

Permítame recordarle que Jesús dijo que Él era la verdad. (Juan 14:6). Esto quiere decir que, mantenernos en la verdad es mantenernos en Cristo.

Por tanto, nuestra victoria con la verdad será tan resonante como la resurrección de Cristo y su victoria sobre la muerte. Nuestra verdad es Cristo, y esa verdad está viva y vive para siempre.

2. El remedio contra la maldad: El Bien.

El mundo siempre ha sido dirigido por un orden moral universal. Ahora bien, este orden no es establecido por casualidad. Este orden de bien vemos que es establecido por Dios, porque Él creó todas las cosas y todas las cosas reflejan su carácter bondadoso. (Salmos 19:1).

Pero, con la introducción del pecado en el mundo, se introduce también la esencia del mal. Esta es una esencia que, en lugar de justicia y paz, procura injusticia y guerra. Esta esencia se opone totalmente a la esencia de bien de Dios y Su orden moral universal.

Esta obra contraria a la obra de Dios es, sin duda, obra de Satanás. Pero la Biblia nos enseña en 1 Juan 3:8 que Cristo vino a deshacer las obras del enemigo. Esta misión de Jesús no hubiera estado completa, como hemos mencionado, si Jesús no hubiera vencido a la muerte mediante la resurrección. Es por medio de la resurrección que el bien venció al mal.

He ahí la seguridad para nuestra vida. El Cristo que está con nosotros tiene poder para destruir el mal y sus obras. Aunque el mal nos aseche, podemos estar seguros bajo las alas del Altísimo. (Salmo 91:1).

Caerán mil y diez mil a nuestra diestra, mas a nosotros no llegarán. (Salmo 91:7). Aunque la maldad quiera dañar todas las cosas, sabemos que todas las cosas nos ayudarán a bien. (Romanos 8:28).

3.   El remedio contra el odio: El Amor.

El odio podemos definirlo como lo contrario al amor. Y, ciertamente, sentir que no somos amados es una de las más grandes preocupaciones del hombre. Cuando no tenemos amor, cuando no somos amados, sentimos un vacío inmenso en nuestro ser. Sentimos que estamos incompletos. Sentimos que nos falta algo, o que nos falta todo.

Por lo mismo, una gran verdad en la dinámica del amor es que el amor se demuestra con acción. Quien nos ame tiene que demostrar de alguna manera que nos ama. Es, entonces, que llega el amor de Dios de la manera más contundente e indudable que se haya podido demostrar y que se haya podido recibir. El amor de Dios, Nuestro Padre Celestial, llegó a nosotros en la figura de Jesús.

Por el pecado, el hombre quedó separado de ese amor de Dios. Pero por la muerte de Cristo en la cruz, ese amor quedó restaurado. La resurrección vino a ser, entonces, el sello irrompible de ese amor. Con la resurrección, ese amor quedó sellado para siempre.

Pero la resurrección ha permitido algo más. Por cuanto Cristo vive, podemos seguir sintiendo su amor todos los días. Él no se ha ido, como se han ido nuestros seres queridos que han muerto. Cristo vive, y nos hace sentir amados en todo tiempo.

Nuestros corazones pueden estar siempre llenos de Dios y de su amor. Venir a Jesús nos hace sentir satisfechos y abastecidos de amor, que a fin de cuentas, es lo más importante. Tal y como Jesús le dijo a la samaritana en Juan 4:14: *"el que bebiere del agua que yo le daré, no tendrá sed jamás"*. ¡Aleluya!

4. El remedio contra la muerte: La Vida.

Prácticamente esta enseñanza ya la hemos explicado. Por cuanto Cristo resucitó y vive para siempre, todos aquellos que creemos en Él también resucitaremos y viviremos con Él para siempre. Pero, ¿qué haremos mientras eso sucede? ¿Qué podemos esperar mientras estamos vivos?

1 Tesalonicenses 4:13 plantea la realidad de que los que han muerto en Cristo hasta hoy, todavía no han resucitado. También plantea la realidad de que estos hermanos estaban entristecidos, pues la esperanza de resucitar y vivir con Cristo se lastimaba cada vez que uno de sus hermanos moría.

La verdad, mi amado lector, es que ciertamente esta resurrección esperada no ha tenido lugar aún. Estamos todavía a la expectativa de partir de esta vida terrenal en cualquier momento. Por tanto, ese temor todavía nos amenaza.

Quisiera, en ese sentido, contarle una historia.

Cuentan de una iglesia en Inglaterra que se preparaba para celebrar un culto de Acción de Gracias. Era el tiempo de la Segunda Guerra Mundial y los alemanes aterrorizaban toda la región de Europa.

Los hermanos decidieron dejar todo arreglado desde la noche anterior, por lo que colocaron en el centro del lugar de las ofrendas unas semillas de maíz. Durante la noche, un terrible ataque aéreo destruyó la iglesia, dejándola en ruinas.

Los meses pasaron, y alguien notó que en el lugar donde estaba la iglesia había unos tallos de plantas.

Mientras los meses transcurrían, los tallos florecieron. En el otoño, estos tallos se habían convertido en una gran siembra de maíz que se levantaba de entre los escombros.

La muerte podrá llegar a nuestras vidas y destruir nuestra morada corporal. Pero la semilla de la fe en Cristo nunca será destruida por la muerte. Por el contrario, nos levantaremos de entre los escombros para recibir vida por medio del que murió, pero resucitó. Jesús mismo es la demostración fidedigna de que, si Él resucitó, nosotros lo haremos también.

Así, pues, podemos declarar lo que declaró Job mucho tiempo antes de la resurrección de Cristo.

"Yo sé que mi Redentor vive, y al fin se levantará sobre el polvo; y después de deshecha esta mi piel, en mi carne he de ver a Dios". (Job 19:25-26). (RVR60).

Luego de todo esto, ¿qué más podríamos añadir sobre la resurrección? Hasta ahora hemos visto cómo Jesús es convertido en Rey, Señor y Cristo por medio de la resurrección.

Pero falta por considerar un título adicional. Un título que nos confronta con la seguridad venidera de nuestra fe. Un título que causa a su vez un nuevo temor.

Jesús es el Rey, Señor y Cristo que nos cuida, nos protege y nos defiende. Pero, al final del tiempo, Jesús será convertido en Juez. La resurrección de Cristo no es solamente la garantía del perdón de los pecados y de la intercesión de Cristo como nuestro abogado ante El Padre. Resulta que también la resurrección de Cristo lo coloca en posición de demandar y exigir.

Por medio de la resurrección, Jesús demandará en aquel día, así como demanda hoy, una respuesta de aquellos que rechazan el plan de salvación que lo llevó a la cruz. Jesús será quien juzgue a los vivos y a los muertos.

Imagine que Jesús le pregunte:

- ¿Qué hiciste con mi sangre?
- ¿Por qué tuviste en poco mi entrega en la cruz por ti?
- ¿Por qué no aceptaste un plan tan seguro?

Estas preguntas serán tan seguras como lo es la misma resurrección. Tomarse el riesgo de no aceptarlo no es meramente un alto riesgo. Es una muerte eterna segura. El Cristo resucitado es la mejor opción que podemos aceptar, y es la peor opción que podemos rechazar.

El Cristo que murió ha resucitado. ¡El está vivo!

¿Te arriesgas a no aceptarlo...?

LA CRUZ: CON "Z" Y HASTA LA "Z"

Lectura: Lucas 9:23

No hay nada mejor para el hombre que servir a Jesús. Servir a Dios es un gran privilegio, puesto que estar al servicio de Dios es estar al servicio del Ser Supremo por excelencia. Servir a Dios es, definitivamente, mucho mejor que servir a cualquier rey de esta tierra. Dios es único. Es Rey de reyes. Es Señor de señores. Dios es Dios.

En ese sentido, estoy seguro que, todos aquellos que servimos a Dios, no tendríamos duda en llevar su cruz. De hecho, la enseñanza cristiana popular nos ha educado a que llevemos con gozo la Cruz del Señor, haciendo referencia a lo que debe ser, más bien, una actitud de obediencia ante el Señor de la cruz.

Ciertamente, si pretendemos llevar la cruz de Cristo, estaremos asumiendo una tarea extraordinaria. ¿Cuántos de nosotros estamos dispuestos a llevar la cruz de Cristo?

Si usted contestó que SÍ a esta pregunta, debo entonces corregirle en el amor del Señor. Mi contestación a esa pregunta es un definitivo NO. **Yo no llevo, ni puedo llevar la cruz de Cristo.**

Llevar la cruz de Cristo, lejos de ser una demostración de nuestra devoción por El Señor, es cometer un error craso y garrafal. La invitación que nos hace este pasaje de Lucas 9:23 no plantea, en ningún momento, que nosotros llevaremos la cruz de Jesús. La realidad bíblica que Jesús establece en este texto no hace referencia a Su cruz. Se refiere, directa y específicamente, a NUESTRA cruz.

Es por esa razón por la que yo no llevo la cruz de Cristo. ¡Me tocaba llevarla! ¡Esa era mi cruz! Pero esa cruz, que me correspondía, que yo me merecía, Él la llevó por mí. Es por eso que en este pasaje Cristo no me pide que lleve su cruz. Me pide que lleve la mía. Podemos, entonces, establecer que existe una gran diferencia entre la cruz de Jesús y la nuestra.

Nosotros conocemos cuál fue la cruz de Cristo. La cruz de Cristo fue la que por mucho tiempo fue la cruz de la humanidad. La cruz de Cristo fue la nuestra.

- Una pesada cruz de pecado y condenación.
- Una cruz imposible de llevar por el hombre.
- Fue por eso necesario que un hombre sobre todos los hombres, alguien con "un nombre sobre todo nombre" (Filipenses 2:9), llevara esa cruz.
- Nadie más podía hacerlo.

Creo que ya conocemos las características de la cruz de Jesús. Por tanto, me parece que sería más lógico para nuestra experiencia de vida cristiana que identifiquemos aquellas características de la cruz que realmente nos toca llevar.

Para ello, recordé una anécdota que me permitió desarrollar este análisis.

Siempre recordaré la primera vez que la iglesia me celebró el Día del Pastor. Lo planificaron todo de sorpresa. Para esa ocasión, una hermana se inspiró en un acróstico, utilizando las letras de mi nombre. Todavía conservo ese acróstico.

Me parece adecuado, entonces, que preparemos un acróstico utilizando las 4 letras de la palabra "cruz" que nos permita identificar estas características de nuestra cruz:

C – Conciencia.

Llevar nuestra cruz es una demostración de nuestra adoración a Dios. En su conversación con la mujer samaritana, Jesús destacó las características de los verdaderos adoradores que busca el Padre. Juan 4:23 especifica que *"los verdaderos adoradores adorarán al Padre en espíritu y en verdad"*. Aquí Jesús menciona 2 características importantes de nuestra adoración a Dios.

1. En espíritu.

Cuando Jesús habla de adorar en espíritu no lo hace considerando una posible reacción nuestra a cualquier manifestación del Espíritu de Dios. Note bien que la palabra "espíritu" en este pasaje está escrita con letra minúscula. Por tanto, la referencia al "espíritu" en este pasaje no es al Espíritu Santo de Dios, sino a nuestro espíritu.

Adorar a Dios en "espíritu" es una manera de destacar que nuestra adoración a Dios debe provenir de nuestro interior. Nuestra adoración a Dios debe surgir como una acción, no meramente como una reacción. Nuestra adoración es un reconocimiento, no una respuesta obligada o manipulada. Nuestra adoración, en ese sentido, es una manifestación externa de un reconocimiento interno. De nuestro interior. De nuestro "espíritu".

Por otra parte, Jesús hace mención a otra importante característica de nuestra adoración.

2. En verdad.

Cuando Jesús destaca que nuestra adoración debe ser "en verdad" está haciendo referencia, precisamente, a la conciencia.

Nuestra adoración debe ser una adoración consciente. Nuestra adoración no surge por motivaciones o estímulos sentimentales o sensacionales.

La adoración musical, en ese sentido, ha sido un gran instrumento de adoración que, lamentablemente, se ha utilizado equivocadamente en muchas ocasiones. Nuestra adoración no debe responder a una inyección de entusiasmo externo. Debe ser una demostración de nuestro interior.

La buena música es un medio de expresión, no el motivo de nuestra adoración. Nuestra adoración debe surgir como resultado de que hemos comprendido la naturaleza del Dios que adoramos.

Adoramos a Dios sabiendo que adoramos a Dios. Nuestra adoración no es un ejercicio cuya comprensión está fuera de nuestro alcance. Nosotros sabemos por qué adoramos a Dios.

En ese sentido, al igual que la adoración en nuestro espíritu, nuestra adoración es un reconocimiento y una demostración del propósito por el cual adoramos a Dios.

Adoramos a Dios llevando nuestra cruz. Llevamos nuestra cruz en adoración. En espíritu y en verdad.

R – Reverencia.

Llevar nuestra cruz es, también una demostración de nuestra decisión de seguirle. El pasaje que hemos considerado sugiere que si queremos seguir a Jesús, es necesario que tomemos nuestra cruz. Pero, sobre todo, llevar nuestra cruz es una demostración de nuestra obediencia y respeto al Dios que hemos decidido seguir.

En Juan 14:15 Jesús mismo señala que *"si me amáis, guardad mis mandamientos"*.

Por tanto, si para seguir a Jesús es necesario llevar nuestra cruz, entonces obedecer este mandato también es necesario.

U – Única.

La cruz nuestra de cada día es única. Todos experimentamos diferente clase de problemas. Por tanto, la carga de cada persona es diferente. Nuestros problemas son particulares. Esa es nuestra carga. Esa es nuestra cruz.

No obstante, muchos de nosotros atravesamos por las mismas circunstancias. Sin embargo, no siempre contamos con los mismos recursos para enfrentar esas circunstancias.

Hay una razón de ser para esta realidad de la vida. La razón principal para esta diferencia es para que comprendamos que las posibles soluciones a estas circunstancias también serán variadas.

Lo que funciona para algunas personas no necesariamente funciona para otras. Es necesario llegar a nuestras propias soluciones. Hay un refrán que dice: "Nadie aprende por cabeza ajena".

Para mí, la razón de ser de esta "diferencia" en nuestras cruces radica en su propósito. Este propósito, a su vez, tendrá en cada persona un resultado diferente. Una enseñanza distinta. Pero, en fin, una enseñanza.

No siempre una situación determinada tendrá la misma razón, el mismo propósito o la misma enseñanza para todos. Por tanto, nuestra cruz es única porque el propósito de esa cruz en nosotros también es único.

Las enseñanzas pueden ser igualmente variadas. Sin embargo, hay una enseñanza común. Una enseñanza que compartimos todos en este proceso. No podemos comparar las cruces. Mucho menos desear la cruz de otra persona. Querer llevar la cruz de otra persona es desviar el propósito de la cruz nuestra de cada día.

En adición, si usted quiere para usted otra cruz que no sea la suya, está faltando al mandamiento de Jesús de llevar la cruz que a usted le toca llevar. Es llevando _nuestra_ cruz que seguimos a Cristo. No es llevando la de otro.

Z – Piense en el abecedario.

¿Por qué le sugiero que piense en el abecedario en este momento? Bueno, ciertamente es muy difícil pensar en una característica de nuestra cruz que pudiera comenzar con la letra "Z". Por tanto, se me ocurre pensar en una característica de la letra "Z" que pudiéramos relacionar con una característica particular de llevar nuestra cruz.

La "Z" es la última letra del abecedario. Por tanto, para llegar hasta la "Z" es necesario "atravesar" por todas las letras del abecedario. He ahí la característica con "Z" de llevar nuestra cruz.

Es necesario atravesar por todas las circunstancias que se nos presenten al llevar nuestra cruz cada día. Es necesario llegar al final de la jornada.

Si no llegamos al final de la jornada, no comprenderemos el propósito de nuestra cruz. La cruz, sin la "Z", NO ES CRUZ. La cruz, si no se lleva hasta la "Z", no tiene propósito.

No llegar hasta el final de la jornada llevando nuestra cruz representa un inmenso peligro. Representa el peligro de quedarnos lejos de Cristo. En adición, representa quedarnos sin Cristo llevando nuestra cruz. Esto no es solamente peligroso, sino también triste. Es muy triste llevar una cruz durante toda nuestra vida sin un propósito claro.

Seguir a Jesús llevando nuestra cruz es garantía de un propósito claro, definido y de bendición. Si seguimos a Jesús llevando nuestra cruz, entonces el propósito de llevar nuestra cruz se convierte en el propósito de Dios. En ese sentido, recuerde que el propósito de Dios, Su voluntad, es siempre buena, agradable y perfecta (Romanos 12:2).

Llevemos nuestra cruz. Llevemos nuestra cruz cada día. El propósito, la bendición de Dios está al final.

Llevemos nuestra cruz hasta la "Z".

BREVE BIOGRAFIA DEL AUTOR

Elvin Heredia es presbítero de la Iglesia del Nazareno, Distrito Este de Puerto Rico y pastor titular de la Iglesia del Nazareno del pueblo de Gurabo. Posee un Doctorado en Filosofía (PhD.) en Teo-Terapia Familiar y Pastoral Sistémica de ECOTHEOS International University & Bible College en Puerto Rico, un grado de Maestría en Psicología y Consejería Clínica Cristiana de DOXA International University en Florida, USA, y un Bachillerato en Asesoramiento Familiar de la Escuela Graduada de Terapia y Psicología Pastoral de Puerto Rico.

Es consejero certificado en Teo-Terapia (Nivel III) por la International Reciprocity Board of Therapeutic & Rehabilitation (I.R.B.O.), entidad reconocida por la Federación Mundial de Comunidades Terapéuticas y por la Organización de las Naciones Unidas. Es profesor asociado del Seminario Nazareno de Las Américas (SENDAS) en San José, Costa Rica para la Maestría en Ciencias de la Religión con mención en Orientación de la Familia, para el Bachillerato en Teología y para el Bachillerato en Pastoral Juvenil. Ha dictado conferencias y talleres para matrimonios en Puerto Rico y los Estados Unidos.

El pastor Heredia vive en Puerto Rico con su esposa Carmencita y sus hijas, Jane Marie y Ana Cristina.

www.ingramcontent.com/pod-product-compliance
Lightning Source LLC
Chambersburg PA
CBHW060236050426
42448CB00009B/1465